CW01663354

ŻYCIE
NA PEŁNEJ PETARDZIE

KS. JAN KACZKOWSKI
PIOTR ŻYŁKA

ŻYCIE NA PEŁNEJ PETARDZIE

CZYLI WIARA, POLĘDWICA I MIŁOŚĆ

WYDAWNICTWO WAM

© Wydawnictwo WAM, 2015

Opieka redakcyjna: Tomasz Ponikło
Redakcja: Agnieszka Caba
Korekta: Dariusz Godoś, Małgorzata Płazowska
Projekt okładki: Anita Ponikło
Fotografia na okładce: Damian Kramski
www.damiankramski.com
Fotografie w książce: Damian Kramski i archiwum Autora
Opracowanie graficzne części działowych
i wkładki zdjęciowej: Andrzej Sochacki
Łamanie: Barbara Bodzoń

ISBN 978-83-277-1012-3

Dodruk, dodruk II, dodruk III, dodruk IV, dodruk V, dodruk VI, dodruk VII, dodruk VIII
Wznowienie 2016, dodruk, dodruk II, dodruk III

NIHIL OBSTAT. Przełożony Prowincji Polski Południowej Towarzystwa Jezusowego
ks. Jakub Kołacz SJ, prowincjał, Kraków, 16 marca 2015 r., l.dz. 22/2015.

WYDAWNICTWO WAM
ul. Kopernika 26 • 31-501 Kraków
tel. 12 62 93 200 • faks 12 42 95 003
e-mail: wam@wydawnictwowam.pl
www.wydawnictwowam.pl

DZIAŁ HANDLOWY
tel. 12 62 93 254-255 • faks 12 62 93 496
e-mail: handel@wydawnictwowam.pl

KSIĘGARNIA WYSYŁKOWA
tel. 12 62 93 260
e.wydawnictwowam.pl

Druk i oprawa:
CPI MORAVIA

PRZEDMOWA

Październik 2014 roku. Zaułek św. Tomasza w Krakowie. Siedzimy przy stoliku przed jedną z kawiarni, rozmawiamy, pijemy piwo. W pewnym momencie rzucam pomysł. „Księże Janie, zróbmy razem książkę". Tak to się zaczęło.

Pierwszy raz usłyszałem o nim po wywiadzie, którego udzielił Przemkowi Wilczyńskiemu z „Tygodnika Powszechnego" („Sklepany przez Kościół, kocham Kościół"). Szef hospicjum, mocno przeczołgany przez kościelne instytucje. Sam nazywa się onkocelebrytą, czyli człowiekiem znanym z tego, że jest chory na raka. Ma glejaka czwartego stopnia. 1 czerwca 2012 roku usłyszał wyrok. Dawano mu sześć miesięcy życia. Od tego czasu minęły prawie trzy lata.

Spędziłem z nim kilkanaście dni na przełomie 2014 i 2015 roku. Jakiego człowieka poznałem? Przede wszystkim autoironicznego. O najważniejszych sprawach mówi bez niepotrzebnego patosu, czasem jest złośliwy, często żartuje (i to jak!). Nie spina się. Ma w sobie naturalny luz. Nie cierpi kościelnego sztywniactwa.

Jednak jeśli ktoś myśli, że ksiądz Jan jest lekkoduchem, który niczego nie traktuje poważnie i do wszystkiego podchodzi z przymrużeniem oka, jest w wielkim błędzie. Przykład. Jest zafascynowany przedsoborową formą liturgii i zakochany w Eucharystii. I w tym temacie nie ma żartów. Msza to świętość. Nie ma tu miejsca na wygłupy – jak to sam określa – „pluszowych katolików". Za każdym razem kiedy uczestniczyłem w sprawowanej przez niego liturgii, widziałem, że to jest dla niego coś absolutnie fundamentalnego.

Zawiodą się też ci, którzy chcieliby go zaszufladkować. W trakcie naszej rozmowy wielokrotnie mnie zaskakiwał. Jego poglądy często idą w poprzek różnym kościelnym schematom myślenia i podziałom. Inspiruje go emerytowany papież Benedykt. Franciszka szanuje, ale nie we wszystkim się z nim zgadza. Stawia odważne tezy dotyczące *in vitro*, aborcji, antykoncepcji i homoseksualizmu. Nie boi się rozmawiać o grzechach Kościoła. Z nieukrywaną złośliwością wypowiada się o nowych wspólnotach, ale potrafi też krytycznie ocenić ruchy tradycjonalistyczne. Wszystko to jest zanurzone w szacunku dla drugiego człowieka. Nieważne, jak bardzo by się z nim nie zgadzał.

Głupio się przyznawać, ale trudno mi było za nim nadążyć. Ksiądz Jan od poniedziałku do piątku kieruje puckim hospicjum. Jest szefem, menadżerem i kapelanem. Weekendy też ma zajęte. W zasadzie nigdy nie zwalnia tempa. Zaproszenia spływają z całej Polski. W każdą niedzielę mówi kazania w innym zakątku kraju. A potem zbiera datki na hospicjum. Mówi, że jest żebrakiem, ale ekskluzywnym, bo żebrze w kościele, a nie pod kościołem.

Jego wizerunek medialny nie jest fałszywy, ale gdzieś podskórnie czułem, że warto przyjrzeć się mu bliżej. To nie jest „wyreżyserowana" książka. Nie mieliśmy czasu, żeby zaszyć się gdzieś spokojnie na dwa tygodnie, odciąć się od świata i zająć się tylko pisaniem. Ten tekst powstawał w samym środku codzienności księdza Jana.

Rozmowę nagrywaliśmy w Zurychu, gdzie przebywał na naświetlaniach i walczył z chorobą. Autoryzację i poprawki robiliśmy głównie wieczorami w hospicjum w Pucku. Ale również w jego domu rodzinnym w Sopocie, w pociągach (w drodze do Wrocławia, Sosnowca i Gliwic).

To jest szczera rozmowa. Do bólu. Bez udawania. O jego życiu, duchowości, o tym, co jest dla niego najważniejsze: od domu rodzinnego, wychowania, niezwykłych relacji z babcią, pierwszego antykościelnego młodzieńczego buntu przez powołanie, doświadczenia w seminarium, pierwsze lata w roli księdza po pracę w hospicjum i zmagania z chorobą.

Dlaczego został księdzem? Co go najbardziej wkurza w Kościele? Jak radzi sobie z chorobą? Jacy ludzie go inspirują? Które fragmenty Ewangelii nie dają mu spokoju? Dlaczego mimo wielu przeciwności i trudnych doświadczeń nie stracił wiary? Dlaczego nie odszedł z Kościoła i nie porzucił kapłaństwa? Skąd bierze powera do prowadzenia tak intensywnego życia? No i o co chodzi z tą polędwicą? Poznajcie Kaczkowskiego. Księdza Jana Kaczkowskiego.

Piotr Żyłka

W książce znajdą Państwo zdjęcia Damiana Kramskiego, któremu ksiądz Jan bardzo dziękuje jako Przyjacielowi Puckiego Hospicjum pw. św. Ojca Pio.

DOM RODZINNY

albo stado surykatek

czyli opowieść o braku wychowania,
pełni zaufania i bezwarunkowej miłości,
a także o tym, jak mistykę można przeżywać zmysłami

Jan z mamą. Kamieńczyce, 1980 r. – fot. z archiwum Autora

Mama: Im więcej zaufania, tym wyższe wymagania

Piotr Żyłka: Kim jest i skąd się wziął Jan Kaczkowski?

Ksiądz Jan Kaczkowski: To dość karkołomna sztuka pytać Jana Kaczkowskiego, kim jest i skąd się wziął. Nie mam wątpliwości, że wszystko zawdzięczam swojej rodzinie, a zwłaszcza rodzicom.

Mój dom był domem pełnym miłości, szaleństwa i otwartości. Gdybym miał go określić tylko w jeden sposób, to powiedziałbym, że był to dom wielkiej bliskości. Mama to osoba bardzo wymagająca, z kolei tata to typ jowialnego, lecz stabilnego gościa, którego głównym przekazem w życiu było „Daj spokój, ja im ufam". Dzięki klimatowi zaufania rodzeństwo i ja uzyskaliśmy solidny fundament do zbudowania własnych domów. Moje rodzeństwo stworzyło stabilne rodziny. Starszy brat Filip świetnie ogarnia tematy budowlano-biznesowe, a siostra Magda została prezesem sporej spółki. Ja jestem księdzem. Każde z nas jest szczęśliwe. Rodzicom udało się zbudować dobry dom. Choć mama z przekąsem konstatuje, że kierownicze stanowiska zajmujemy tylko dzięki niej, bo zarządzania od najmłodszych lat uczyliśmy się, wydając jej rozkazy.

Jaka jest Księdza mama?

Kiedy przedstawiłem jej pomysł naszych rozmów, zażądała, żebym niczego więcej o niej nie mówił niż to, że – cytuję – strasznie nas kocha. Tej miłości niezwykle wiele zawdzięczamy.

Księdza mama woli pozostawać w cieniu?

A jednocześnie ma bardzo silną osobowość. Wiele od nas wymagała, wysoko zawieszała poprzeczkę i bardzo o nas walczyła, a już w szczególności o mnie. Urodziłem się jako wcześniak. „Zawsze byłam pewna – mówi – że się urodzisz i będziesz żył".

Potem przyszedł trudny czas, ponieważ moje dzieciństwo upływało w jakiejś mierze w szpitalach. Szpital w czasach komuny to nie było miłe miejsce. W Krakowie przeszedłem cztery operacje związane z moim wzrokiem. Niektóre z nich skutecznie zlikwidowały zeza. Była to tak duża wada, że nie dało się jej ukryć. Od początku moje leczenie prowadziła zaufana pani doktor. Ale proszę sobie wyobrazić, że czasy były takie, iż do dziecka nie dopuszczano rodziców! Moja mama podejmowała wręcz heroiczny wysiłek, by przekradać się do mnie po kryjomu albo wprost szturmować oddział mimo wrzasku pielęgniarek. Do dziś pamiętam to tajemne porozumienie, jakie zawiązaliśmy na tę okoliczność. Dzięki tej komitywie wymykaliśmy się po cichutku z oddziału na spacery, chociażby do ogrodu, gdzie przez dziurę w płocie mogliśmy choć na chwilę znaleźć się poza szpitalem. I ten dreszcz emocji, że wspólnie robimy coś zakazanego... Chodziliśmy wokół starej, nieczynnej kaplicy, która wzbudzała we mnie jakieś mistyczne uczucia, albo szliśmy na ławkę, żebym mógł słuchać, jak mama czyta mi bajkę. Przeżywałem te nasze skryte wyjścia ze szpitala jak wkraczanie do tajemniczego ogrodu.

Bardzo było mi to potrzebne, ponieważ w tamtych czasach operacje, do których dziś wystarcza obecność pacjenta w szpitalu przez parę dni, wymagały kilkutygodniowego leżenia. My, dzieci, potwornie się tam nudziłyśmy. Po operacji trzeba było leżeć prawie bez ruchu. Bez rodziców, w wieloosobowych salach, z zaklejonymi oczami, i to dodatkowo przyłożonymi metalowymi osłonkami, a na domiar złego otoczeni przez wstrętne pielęgniarki.

Z mamą rozumieliśmy się doskonale. Śmiała się, gdy usłyszała, że podczas podawania narkozy przed operacją, zamiast odliczać z anestezjologiem, zapytałem, czy mogę zaśpiewać – i lekarze śpiewali ze mną kolędę. A kiedy się wybudziłem, było mi strasznie niedobrze, jak to po narkozie. Wymiotowałem i męczyłem się. Ale wiedziałem już, że tak to wygląda, więc żartowałem: „Mamo, wołaj księdza, chyba umieram!". Ona te wygłupy w lot rozumiała, w przeciwieństwie do dwóch pań, które siedząc obok, szeptały, jakaż to wyrodna matka nie sprowadza kapłana do własnego dziecka.

Mówi Ksiądz przede wszystkim o wielkiej bliskości. Ale wskazując konkrety: co Ksiądz zawdzięcza mamie?

Kiedy byłem mały, niektórzy z otoczenia namawiali mamę, żeby oddała mnie do szkół i ośrodków dla dzieci niedowidzących. Nie zrobiła tego. Konsekwentnie odpowiadała na takie sugestie, że „co będzie w stanie robić, to zrobi". Zawdzięczam jej to, że nie jestem przykurczony, ponieważ dbała o moją rehabilitację, bez której szybko stałbym się fizycznie niepełnosprawny.

Jednocześnie nie miałem u mamy żadnej taryfy ulgowej. Dlatego dziś sam mam wobec osób niepełnosprawnych i chorych wysokie wymagania. Moja postawa sprowadza się do tego, czego świadectwo dała mama w moim przypadku: każdy musi robić to, co jest w stanie robić. Wobec mnie rodzice dość daleko przesunęli tę zasadę. Na przykład uczyłem się jeździć na nartach, chociaż nie powinienem. Ale nie chcieli, żebym czuł się gorszy. I faktycznie, dzięki nim taki się nie czułem. Chociaż fizycznie wśród rówieśników byłem po prostu „dupa", to nadrabiałem to ostrym językiem. Mój dom tak mnie naładował pozytywną energią, że nie miałem z tym żadnych trudności (chociaż cięty język to akurat broń obosieczna).

Rodzice wysłali mnie do zwykłej szkoły podstawowej. W 1983 roku nikt nawet nie myślał o prowadzeniu klas integracyjnych. Więc byłem na równych prawach ze wszystkimi. Mama tylko walczyła o to, żebym miał zapewnione miejsce w pierwszej ławce i nieco swobody w prowadzeniu zeszytów. Niekiedy też mi pobłażała. Nieraz uprosiłem ją, żebym w któryś dzień nie musiał iść na lekcję. Wtedy ojciec się wściekał i mówił: „Jak możesz im pozwalać nie chodzić do szkoły?!". Na co mama: „Jestem nauczycielem (wprawdzie akademickim) i wiem, co robię". Miała rację. Często bezsensowne przesiadywanie w szkole na nic niewnoszących lekcjach tylko nas męczyło.

Przecież wspominał Ksiądz, że ojciec jest łagodny.

Ale to nie znaczy, że od nas nic nie wymagał. Moi rodzice mają całkowicie odmienne charaktery. Mamę opisałbym przede wszystkim jako osobę wymagającą i w tych wymaganiach była wielka miłość, natomiast tatę jako człowieka o bardzo ciepłym usposobieniu. Kiedy mama zwracała nam uwagę i domagała się, żeby ojciec zrobił to samo, on misiowatym głosem odpowiadał jej niezmiennie: „Ale ja im ufam". Te momenty zapamiętałem wyjątkowo dobrze.

Aż tak dobrze, że podczas prymicji, składając zwyczajowe podziękowania rodzicom, kiedy przyszła moja kolej, powiedziałem: „Chciałem wam podziękować za to, żeście nas w ogóle nie wychowywali". Oni zamarli, czekając, co dalej chlapnę. „Dziękuję wam za to, że nie było w naszym domu żadnego podziału ról: mama miękka, ojciec twardy, dziękuję, żeście nas bezwarunkowo kochali. I ta bezwarunkowa miłość dała całej naszej trójce głęboką pewność siebie". Bez tego doświadczenia miłości pewnie popadłbym w kompleksy, zwyczajne, chłopięce, choćby z tego powodu, że nie grałem w piłkę, bo przecież na boisku byłbym jak paralityk. Ale byłem niezły w innych dziedzinach. Takiego spojrzenia uczyła mnie mama. Mówiła mi: „Jan, tam gdzie nie musisz, nie pokazuj swojej bezradności". Ale mówiła też: „Bądź lepszy od innych, żebyś nadgonił swoje braki".

Tata: Duma (z syna) i uprzedzenie (do wiary)

Ostatnio spędza Ksiądz dużo czasu w towarzystwie swojego ojca. Widać pomiędzy Wami bliskość i męską, nieco złośliwą serdeczność. Jak zbudować taką relację?

To pytanie do Ziuka. Z mojego punktu widzenia bardzo ważne jest to, że ojciec nigdy niczego nie udaje. Zawsze zwracaliśmy się do siebie na „ty", bez dodatkowych form grzecznościowych, które funkcjonowały na przykład u mojego kuzynostwa. Teraz dla żartów mówimy do siebie czasami „pani Helenko", „panie Józefie". Ostatnio dostałem SMS: „Panie Janeczku, piwo przygotowane w lodówce". W dzieciństwie kuzyn usłyszał, że podczas sporu nazwaliśmy ojca „palantem", i zapytał mnie, jak możemy się tak odzywać do ojca, skoro go kochamy.

Relacja ojca i moja jest faktycznie specyficzna. Tata ma świetny ogląd sytuacji w Kościele. Potrafi być wnikliwym obserwatorem i prowadzić rzeczową krytykę. Dzięki mnie, bo w domu rozmawiamy o wszystkim, ma też wgląd w wewnętrzne funkcjonowanie Kościoła. Niekiedy porównania, jakich używa, bardzo mnie poruszają. Części z nich nie powtórzyłbym publicznie, ale mogę zasygnalizować tyle, że celnie wskazuje analogie między działaniem systemów totalitarnych i kościelnych młynów.

Czy Księdza rodzice mieli gotowe plany na życie dla swoich dzieci?

Moja relacja z rodzicami to relacja zbudowana na ich bezwarunkowej miłości. Wiedzieliśmy, rodzeństwo i ja, że w momencie kryzysu rodzice zawsze staną przy nas. Że przypominamy stado surykatek, które żyją razem i się wzajemnie strzegą. Poza tym czuliśmy, że rodzice akceptują nasze wybory.

W naszym domu i jego otoczeniu było normalne, że dzieci idą do liceum ogólnokształcącego, a potem wybierają studia. Gdyby jednak losy kogoś z nas potoczyły się inaczej, z pewnością nie byłoby to dla rodziców dramatem. Kiedy wybrałem seminarium duchowne, nie rozdzierali szat. A miałem na roku kolegę, którego ojciec wstydził się wyboru syna i znajomym mówił, że jego dziecko studiuje filozofię.

Chociaż ojciec nie podziela mojej wiary, albo się wygłupia, tego do końca nie wiem, to mój wybór nie zaważył na naszej bliskości.

Jak to możliwe: syn, a jednocześnie ksiądz, nie wie, czy jego ojciec wierzy?

Jeszcze do niedawna ojciec twierdził, że tego nie wie. Teraz już twierdzi, że nie wierzy. To dla mnie bolesna sprawa. Wydawało mi się, że moja choroba jakoś go do Pana Boga zbliży, a wręcz przeciwnie – oddaliła go. Wyzwoliła w nim bunt, a nawet agresję. Bardzo mnie poruszyły jego słowa. „Co to za kretyńska religia, która każe się zbawić przez cierpienie? Dlaczego ty, a nie ja?! I nie opowiadaj mi o cierpiącym Chrystusie, bo jestem wściekły jak jasna cholera".

Nie wiem, czy tata kiedykolwiek formalnie się nawróci. Ale wiem, że dla Boga szczera ludzka miłość jest bardzo istotna. Dlatego wierzę, że Pan na mocnej linie miłości, przez miłosierdzie, wciągnie mojego ojca przed swoje Oblicze.

Babcia: Wprowadzenie w misterium i pieniążek na pół świeczki

W jaki sposób mały Jan Kaczkowski spotkał się z Kościołem?

Oczywiście moim pierwszym spotkaniem z Kościołem był chrzest. Rodzice zaprowadzili do tego sakramentu całą naszą trójkę. Jednak nasz dom – otwarty, frankofilski, co wynikało z tego, że rodzice poznali się we Francji pod koniec lat sześćdziesiątych i po pierwotnej, jak sądzę, miłości do tego kraju powrócili do Polski – miał francuski styl wychowania, czyli także francuskie podejście do religii.

Na czym ono polega?

Niespecjalnie narzucaliśmy się Panu Bogu. Myślę, że byliśmy w stylu francuskim antyklerykalni. Nie był to antyklerykalizm wojujący, ale takie patrzenie na księdza jak na wiejskiego głupka, który niewiele ma do zaproponowania intelektualnie. Ot, taki *monsieur curé*. Ojciec wśród swoich niezliczonych idiotycznych przyśpiewek miał jedną, która w luźnym tłumaczeniu mogłaby brzmieć: „Panie proboszczu, nie mam pieniędzy, pożycz mi, bo jak nie, to cię strzelę w łeb przed plebanią".

Ale jednak był w rodzinie ktoś, kto pomimo wszystko zachęcił Księdza do Kościoła?

W moim religijnym wychowaniu najwięcej zawdzięczam swojej ukochanej babci. Babcia Wincentyna, zwana Wisią, to w mojej rodzinie jedyna katoliczka z prawdziwego zdarzenia. I to nie katoliczka spod znaku Radia Maryja, lecz spod znaku „Tygodnika Powszechnego". Jest osobą niesłychanie wysublimowaną intelektualnie, wykształconą jeszcze przed wojną, choć wojna nie pozwoliła jej dokończyć edukacji. Babcia wierzy w sposób niezwykle mądry i krytyczny. Do Kościoła, zwłaszcza do afer w nim, podchodzi zdroworozsądkowo. Nawet to, że bywają księża kradnący z tacy, nie wyprowadza jej z równowagi. Mówi wtedy: „Kiedy idę do kina, to płacę za bilet. Kiedy idę do kościoła, to daję na tacę, bo jest prąd, świeczka".

Lubię myśleć o tym, jak babcia uczestniczy we Mszy Świętej. Księdzu zza ołtarza pewnie się wydaje, że ot, taka emerytka siedzi w ławce. A jak ona słucha, jak nazywa rzeczy po imieniu!

Że ksiądz podczas kazania plecie bzdury, że ten czy tamten kapłan w ogóle nie nadaje się na spowiednika. Ma takie rozeznanie, że w swoim wieku (92 lata) uprawia *churching*! Ponieważ ma niedaleko do krakowskiego kościoła św. Floriana, często zaglądała tam do księdza Adama Bonieckiego, który do niedawna mieszkał przy tej parafii.

Ze względu na swoje problemy ze wzrokiem musiałem często bywać w Krakowie, gdzie, jak wspomniałem, przechodziłem kolejne operacje. Dzięki temu z babcią spędzałem sporo czasu. Naprawdę sporo: nieraz od maja aż do późnej jesieni. Tata wtedy pracował na kontrakcie w Senegalu, a mama i rodzeństwo mieszkali w Sopocie. Niekiedy tak rzadko widywałem mamę, że któregoś razu się zorientowałem, że chyba nie jestem pewien, jak ona teraz wygląda.

Babcia twierdzi, że wcale mnie po kościołach nie ciągała. Podobno sam byłem nimi zainteresowany, lubiłem tę specyficzną atmosferę krakowskich świątyń. Do dziś mam w pamięci pewne sceny, zapisane jak obrazy. Na przykład jak na wielkich ołtarzach wystawiano Najświętszy Sakrament. Albo jak siostry zakrystianki długim kijem gasiły świece. Albo jak u misjonarzy na ulicy św. Filipa przed Komunią wywieszało się na balaskach obrusy, pod które wierni chowali ręce. Pamiętam oglądanie niemal współczesnych witraży Wyspiańskiego u franciszkanów, a paręset metrów dalej średniowiecznych fresków u dominikanów. Ale też widok księdza z welonem na ramionach, dźwięczenie dzwonków, zapach i dym kadzidła roznoszący się po kościele, dłonie kapłana chwytającego monstrancję, a do tego śpiew *Tantum ergo Sacramentum*. Chłonąłem to zmysłami, przeżywałem jako coś ponadnaturalnego – prawdziwe misterium.

Dopiero odkrywałem rzeczywistość liturgii. Babcia cierpliwie tłumaczyła mi kolejne jej elementy. Nawet to, dlaczego śpiewa się „sutanna na wysokości", bo taki tekst słyszałem. Potem podobno byłem w stanie wyrecytować całą Mszę z pamięci.

Babcia ma kawałek ziemi na wsi. Strzęp majątku po jej rodzicach, który po byłym właścicielu rozparcelowali komuniści. Zbudowała tam domek. W wiosce obok stoi wspaniały wiejski kościółek, do którego często zaglądaliśmy. Do dziś jest tam bardzo intensywny zapach impregnowanego drewna, a gdy byłem mały, w ławkach siedzieli ludzie, staruszkowie galicyjskiego typu, przypominający mi Karola Wojtyłę. Po lewej stronie mężczyźni w spłowiałych garniturach, po prawej kobiety w chustkach na głowach. Istniał tam odwieczny porządek, którego nie należało naruszać.

Tymczasem ja naśladowałem w trakcie Mszy gesty kapłana. Kiedy rozkładałem ręce, kobiety syczały. Babcia była niewzruszona, a ja robiłem swoje. Innym razem zagapiłem się, nie wrzuciłem pieniążka na tacę. Wtedy babcia powiedziała mi, żebym poszedł za ołtarz, bo tam znajdę koszyk. Kiedy wspinałem się po stopniach ołtarza, cały kościół zamarł, a ksiądz przyglądał mi się przerażony. Co gorsza, nie znalazłem tacy, więc od ołtarza wróciłem rozżalony. Siostra się za mnie wstydziła, ludzie patrzyli srogo, a babcia ze spokojem powiedziała mi, żebym zostawił księdzu monetę na dywanie, bo tam na pewno ją znajdzie i będzie miał na pół świeczki. Dzisiaj widzę, że to właśnie w takich sytuacjach uczyłem się od babci dystansu i otwartości.

Ale myślę, że też pewnej afirmacji świata. Ponieważ babcia nie miała swojego gospodarstwa, gdyż ziemi było zbyt mało pod uprawę, chodziliśmy do sąsiadów po masło czy mleko. Idąc po tak zwanych dołkach, śpiewaliśmy „Chwalcie łąki umajone". Do tej pory, gdy śpiewam tę pieśń, czuję wzruszenie. Także w tym było coś mistycznego. Coś w pełni szczerego, przesyconego nie tylko emocjami, ale przede wszystkim intensywnością kwiatów, kolorów, zapachów, skoszonej trawy i dojrzałego lata.

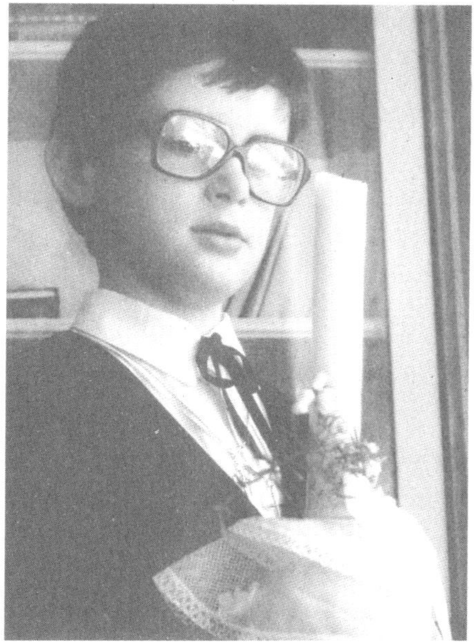

EDUKACJA

albo historia zniechęcenia

czyli opowieść o ludziach bez powołania,
księżach z klasą i katechetach głąbach,
a także o pierwszym konflikcie ministranta Jana
z kościelną hierarchią oraz proroctwie usłyszanym na kacu

Pierwsza Komunia Święta. Sopot, 1985 r. – fot. z archiwum Autora

Szkoła podstawowa: Auto bez kółka i pierwszy bunt

Jak zapamiętał Ksiądz szkołę i początek edukacji?

Pierwsze wspomnienie: zerówka. Bardziej zabawa niż nauka. Mama z pewnej przekory – bajek w domu nie było, a jeśli były, to francuskie – czytała mi do snu Biblię, zwłaszcza Księgę Rodzaju, z tymi wszystkimi dziwnymi opisami: pół anioły – pół bogowie, pół anioły – pół ludzie i inne biblijne midrasze. Szybko przesiąkłem biblijnym językiem, wygłaszałem pierwsze „kazania", opowiadając dzieciom z pamięci to, co usłyszałem w domu.

Moje doświadczenia ze szkołami nie są najlepsze. Podstawówka, do której trafiłem, została rozwiązana. Wylądowałem w ogromnej szkole zbiorczej. Standardy były okropne, nauka na trzy zmiany. Rodzice skapitulowali i postarali się o nauczanie indywidualne. Druga i trzecia klasa, które przeszedłem w tym trybie, okazały się porażką. Pierwsza nauczycielka chciała mnie czegoś nauczyć. Kolejna już nie. Jej marzeniem była posada sprzedawczyni w Peweksie. Wróciłem do normalnego trybu nauczania. Rodzice mieli nadzieję, że będę się dzięki temu mógł prawidłowo socjalizować.

Choć nastał zmierzch PRL-u, to moja szkoła do samego końca była potwornie czerwona. Aż dziw, że utrzymała się w liberalnym Sopocie. Królowały w niej nadal partyjne i bezpartyjne bolszewiczki. Taką też miałem wychowawczynię. Zaprzeczenie nauczyciela: wrzaski, awantury, bicie, ciągnięcie za włosy. Poza tym brak zainteresowania dziećmi. Przemoc była wśród uczniów na porządku dziennym. Bijatyki, kradzieże, znęcanie się nad najsłabszymi. Tym nauczyciele nie byli zainteresowani, bo prościej było im egzekwować to, czy uczniowie zmieniali buty i zakładali mundurki. Często zwoływano karne apele. „Całość baczność, gospodarze klas – do raportu wystąp". „Obywatelu nauczycielu, Jan Kowalski melduje klasę 5B gotową do apelu. Stan...". Co rano śpiew „Wszystko, co nasze, Polsce oddamy" i druga zwrotka: „Socjalistycznej biało-czerwonej". Do końca Dzień Milicjanta. Rok osiemdziesiąty ósmy, po rozmowie Wałęsa – Miodowicz niezmiennie apel o rewolucji październikowej. Nauczycielka historii na jesieni osiemdziesiątego ósmego roku mówiła „Katyń to Niemcy", w zimie nie wiedziała kto, na wiosnę była pewna, że Sowieci. Oczywiście byli także wspaniali nauczyciele. Pani Ryl od biologii, pani od matematyki – działaczka opozycji, której nazwisko mi uleciało, ale dyrekcja była czerwona.

Wspomnienie jednego z karnych apeli. Zostałem wywołany na środek, ponieważ miałem na sobie czerwony sweter, a tego dnia wszyscy powinni być w mundurkach. Przed szereg wezwano też Artura, bo był w kurtce. Wychowawczyni stanęła przed nami i się wydzierała. Uczucie koszmarne, skojarzenia obozowe. „Czy taaaaaaak wygląda uczeń?! Czy taaaaaaak wygląda uczeń?!" – krzyczała. Na mnie to w ogóle nie robiło wrażenia, ponieważ w domu zostałem nauczony, że jak ktoś się drze, to znaczy, że problem jest w nim, a nie we mnie. Dlatego mnie ta kobieta nie wprawiła w dygot egzystencjalny. Ale mojemu koledze odchyliła połę kurtki, a wtedy poleciały na ziemię jego książki i wypadło mu nakręcane plastikowe autko. Autko nie miało jednego kółka i zaczęło się kręcić wokół własnej osi. Pamiętam ryk śmiechu i pogardy, który wybuchnął wśród uczniów.

Coś we mnie pękło. Wtedy poczułem, że nigdy więcej, nigdy nie wolno nikogo poniżać, nikim pogardzać, bez względu na wszystko. Przeżyłem swój pierwszy dziecięcy bunt.

Na którejś z lekcji wychowawczych pod wpływem młodzieńczych emocji wygarnąłem wychowawczyni prosto w oczy. Pewne zdanie z tej wypowiedzi obrosło w naszym domu legendą. „Ponadto, jak wynika z zeznań mojego brata (Filip do tej pory mówi na mnie kapuś), jest pani niesprawiedliwa, stosuje pani odpowiedzialność zbiorową (tak było) i stalinowskie metody (przyznaję, przegiąłem)". Wspomniałem także coś o nieakceptowalnych aspektach fizycznych. Nauczycielka nie uniosła tego ciężaru. Miała łzy w oczach. Byłem dumny. Mój najlepszy przyjaciel, który siedział naprzeciwko mnie, przerażony. Nauczycielka czasami spotykała moją mamę pod osiedlowym PSS Społem. Wtedy, po tym incydencie, trzymając mamę kurczowo za guzik, łkając, mówiła: „I wie pani, co on mi jeszcze powiedział?! W całej mojej karierze kilkudziesięciu lat pracy nie usłyszałam takich słów". Na to moja mama z właściwą sobie inteligencją i taktem: „I pani, pedagog z czterdziestoletnim stażem, nie poradziła sobie z dziesięcioletnim chłopcem?". Ta kobieta ostatecznie nieco się zmieniła, ale tamto doświadczenie (i wiele innych jej występów) głęboko we mnie zapadło.

Czy w tym czasie miał Ksiądz jakiś kontakt z religią?

Ponieważ mama zauważyła, że moja relacja z babcią staje się zapewne bardziej zażyła niż z nią samą, starała się wszystko zorganizować tak, żebym jednak więcej czasu spędzał z rodzeństwem i nią w Sopocie.

Z tego czasu przypominają mi się zwłaszcza te opowieści biblijne, które mama czytała nam w domu. Z czasem znałem je już tak dobrze, że niekiedy przedszkolanka sadzała mnie na środku klasy i prosiła, żebym je opowiadał. Inna rzecz, że kiedy zobaczyłem, iż jest w zaawansowanej ciąży, z pełną świadomością absurdu zwróciłem się do niej biblijną frazą: „Brzemienną jesteś i w bólach rodzić będziesz", na co ona wybuchnęła takim śmiechem, że nieomal urodziła.

Kiedy poszedłem do podstawówki, to lekcje religii odbywały się nie w szkole, ale przy kościele Serca Jezusowego. Uczył nas ksiądz Paweł Pierzchała, który wtedy wydawał się nam potwornie leciwy, a żyje do dziś. Ponieważ dla ogółu dzieci był szorstki w obejściu, daliśmy mu przydomek „Suchy". Ale akurat mnie jakoś polubił. Nazywał mnie „Profesor", ponieważ stale z nim dyskutowałem. Był też w parafii ksiądz prałat Franciszek Grucza, stary Kaszub, który przychodził do zakrystii i w ramach żartu tłukł wszystkich ministrantów biretem. Moją uwagę przykuwało to, że inaczej niż inni odprawiał Mszę: zakładał stułę na krzyż, po Komunii puryfikował kielich winem i modlił się wówczas po łacinie (tak jak do dziś czyni to ksiądz Boniecki).

Sakramenty: Najpiękniejsza sprawa na świecie

Przystąpił Ksiądz do Pierwszej Komunii w normalnym trybie?

Tak, w normalnym. Świetnie pamiętam wiele szczegółów i pierwszą spowiedź. Konfesjonał, księdza, dokładnie każdy jeden grzech. I to, jak zrobiło mi się głupio...

Dlaczego było Księdzu głupio?

Ksiądz zapytał mnie, czy mam książeczkę do nabożeństwa. Odpowiedziałem, że mam. Ale prawda była taka, że w moim domu żadnej książeczki nie było. Bardzo to kłamstwo przeżywałem. A ksiądz zadał mi za pokutę Litanię do Serca Pana Jezusa. Nie mając książeczki, bezradnie uklęknąłem przy bocznym ołtarzu. Obok mnie przechodził ksiądz Grucza. Przystanął, uklęknął obok – zawsze wspominam to ze wzruszeniem – i zapytał, czy może mi w czymś pomóc. Przyznałem mu się, że nie mam książeczki. Wtedy wziął swój brewiarz i zapytał, jaką mam pokutę. Znalazł w brewiarzu litanię i razem ze mną ją odmówił. To pokazuje klasę księdza. Nie zlekceważył mnie, nie okrzyczał – a ja zawsze się go trochę bałem. Tymczasem okazało się, że miał na tyle wrażliwości, żeby mnie, to małe dziecko, uszanować. To dzięki niemu przyjąłem zasadę, że wchodząc dziś do obcej zakrystii, zawsze się przedstawiam i witam z każdym, od najmłodszych do najstarszych ministrantów. Trzeba każdemu z tych małych spojrzeć w oczy. Najbardziej w Kościele denerwował mnie, i nadal denerwuje, brak kultury, zwykłe chamstwo, a już zwłaszcza wobec dzieci. Mnie też z pewnością zdarzają się wpadki, ale trzeba się starać.

Czym był dla Księdza sakrament Pierwszej Komunii Świętej?

Przygotowania do Komunii odbywały się niczym wielka tresura. Stań, idź, usiądź, klęknij. Ksiądz udawał, że rozdaje Komunię. Pomyślałem sobie wtedy, że skupię się tak, jakbym rzeczywiście przyjmował już samego Pana Jezusa. Później zapamiętałem autentyczne duchowe wzruszenie i pragnienie przyjęcia Go. Ale już potem mój zapał słabł.

Największe wrażenie, jeśli chodzi o obecność eucharystyczną Pana Jezusa, zrobiła na mnie scenka, którą przygotował nasz katecheta, ksiądz Paweł. Ubrał się tak jak kapłan idący do chorego. Założył komżę, stułę, bursę. Dla niewtajemniczonych: bursa to taki kwadracik zawieszony na szyi księdza, w którym są przegródki, a między nimi schowany w złożonym korporale w złotym naczynku sam On. „Jak ksiądz idzie do chorego – tłumaczył katecheta – to trzeba uklęknąć, bo tam jest Pan Jezus". Opisywał to tak plastycznie, że mu uwierzyłem. Mówił, że gest uklęknięcia wśród tłumu przed Panem Jezusem to gest odwagi i najprostsze wyznanie wiary w realną obecność. Wszystko to nam bardzo dokładnie pokazał, każdemu pozwolił podejść, zobaczyć. Naczynko było puste. A ja wyobraziłem sobie białą Hostię w środku, prawdziwe Ciało, nie opłatek, jak mawiają niektórzy.

Poruszony tą lekcją wróciłem do domu i opowiedziałem o tym mamie. Na co mama, która wtedy w ogóle nie chodziła do kościoła, mówi do mnie: „Wiesz, Komunia Święta to jest coś najpiękniejszego, co się nam może przydarzyć". Jakiś czas później zadałem jej pytanie: „Skoro tak pięknie mówiłaś o Komunii Świętej, to czemu nie chodzisz do kościoła?". Wtedy opowiedziała mi o tym, jak jadąc maluchem na uczelnię, zobaczyła z daleka księdza idącego z bursą. Ponieważ nie mogła uklęknąć, zatrzymała samochód i zgasiła silnik. Uwierzyłem jej. I nadal myślę, że to była prawda, a nie tylko słowo pocieszenia dla dziecka. Myślę, że w tym była jakaś tęsknota.

Katecheza: Rozbrat z Kościołem

Skoro mama Księdza nie chodziła wtedy do kościoła, to z jakiego powodu posłała swoje dzieci na katechezę?

Takie były czasy, że chyba niemal wszyscy chodzili na religię. Pewnie w jakiejś mierze na zasadzie symbolicznego buntu wobec komunistycznej atmosfery. Nawet syn pierwszego sekretarza komórki partyjnej na Uniwersytecie Gdańskim, z którym przyjaźnię się do dziś, chodził na religię i przystąpił do Komunii.

Jeśli o mnie chodzi, to nie miałem szczęścia do katechetów. Na początku podstawówki uczyli mnie bracia szkolni de la Salle, dla których katecheza była charyzmatem zgromadzenia. Tylko jeden z nich był przyzwoity, a reszta to – nie zawaham się tego powiedzieć – głąby. Ależ mnie irytowało, kiedy zwracali się do nas, z przekąsem mówiąc: „Przyjacielu". Skupieni byli przede wszystkim na sprawdzaniu zeszytów i ćwiczeń. Atmosferę religijnego misterium, jaką odczułem w Krakowie w drugiej klasie, oni skutecznie zniszczyli.

Jak to zatem możliwe, że kilkuletni Jan Kaczkowski został ministrantem?

Zdecydowałem się pod wpływem doświadczeń krakowskich. To był jednak epizod. Moją dziecięcą, gorliwą wiarę dość szybko załatwiły idiotyzmy kościelne.

Denerwowało mnie, że wszystko sprowadzano do zdobywania punktów za służenie obowiązkowe lub nieobowiązkowe oraz uczestniczenie w bezsensownych zbiórkach. Poza tym irytowała mnie rodzina braci ministrantów, która funkcjonowała niczym mafia zakrystiowa. Idąc na Mszę przez cmentarz, modliłem się zwykle, żeby nie było ich w kościele. Albo mnie kopali, albo wpychali do szafy, albo po prostu do niczego nie dopuszczali. Unikałem ich, jak mogłem. W efekcie zostałem wyrzucony z grupy, bo opuszczałem zbyt wiele zbiórek.

Jako ministrant zaliczyłem też swój pierwszy konflikt z kościelną hierarchią. Do parafii przyjechał biskup (jak się później okaże, ten sam, który będzie miał wątpliwości co do moich święceń). Miałem podać mu w odpowiednim momencie u drzwi kościoła kropidło. Zagapiłem się. Zniecierpliwiony biskup syknął do mnie na szczękościsku: „Podejdź tu, okularniczku!". Jak tak można? – zdziwiłem się. Nawet dzieci w klasie nie dokuczały mi z powodu moich okularów, a tu biskup tak mówi. Nie zrobiło mi się wtedy przykro, tylko sobie pomyślałem: „No, co to za facet. Kategoryzować kogoś przez to, czy nosi okulary czy nie?".

Wreszcie, w czwartej klasie, nastąpił definitywny rozbrat z Kościołem. Ksiądz zrugał mnie za brak zeszytu. Nie mógł zrozumieć, że nie wynika to z braku dobrej woli, ale z tego, że po prostu ze względu na problemy ze wzrokiem nie prowadziłem żadnych zeszytów. Był przy tym tak uparty, że stopniowo przestałem chodzić na katechezę. Na koniec roku dostałem ocenę niedostateczną. Ale rodzicom przyznałem się do tego, z płaczem, dopiero w sierpniu, kiedy wracaliśmy z wakacji w górach. Mama mnie pocieszyła i obiecała, że porozmawia z księdzem. Chyba jednak niewiele wskórała, bo na religię już nie wróciłem.

Jak zostało to przyjęte w rodzinie?

Dla mojej rodziny trudne do zrozumienia było raczej to, że chodziłem na katechezę i że byłem ministrantem. Kiedy w niedzielę po południu wszyscy zasiadali przed telewizorem, żeby obejrzeć „Teleexpress" i zjeść deser, ja wychodziłem na Mszę. Pamiętam nawet jedną awanturę, żeby pozwolono mi pójść na rocznicę Komunii Świętej. „Nie terroryzuj nas Kościołem" – mówili zdenerwowani rodzice. Wtedy tylko ja chodziłem na Mszę, ale wkrótce i mnie przeszło. W domu zrobił się większy luz.

I już nie wrócił Ksiądz na lekcje religii?

Wróciłem w ósmej klasie, ponieważ miał wtedy miejsce nieszczęsny powrót religii do szkół publicznych. Trafiłem na katechetę, który dziś z dumą obnosi się z tym, że jakoby byłem jego wychowankiem. Tymczasem ten człowiek swoją postawą złamał wiele sumień, wiele osób odtrącił od Pana Boga, między innymi mego wspomnianego przyjaciela, syna przedstawicieli *ancien régime'u*. Wówczas księża uczyli w szkołach bez pensji. Często byli traktowani jak święte krowy. Mogli sobie pozwalać na wszystko.

Przygotowanie do sakramentu bierzmowania, prowadzone przez tego katechetę, było tragiczne. Tak jak w ogóle cała idea udzielenia tego sakramentu zbiorczo. W moim roczniku postanowiono, że cała sopocka młodzież będzie bierzmowana w jednym kościele, w jednym terminie. Tłum, mój „ulubiony" biskup ze swoim szczękościskiem, do tego dwóch infułatów bierzmujących na cztery ręce. Chodzili, smarowali nas po czole i coś mruczeli. To są odczucia piętnastolatka wychowanego w laickim środowisku. Sztuczność, dziwni faceci w dziwnych czapkach, którzy robią coś ewidentnie na odwal. Ten brak ducha było po prostu czuć. Nie wiem, ilu z nas wiedziało, o co w tym tak naprawdę chodzi. Dramat, kompletna porażka!

W takim razie dlaczego w szkole średniej nadal uczęszczał Ksiądz na religię?

Ponieważ po prostu była wpisana w plan zajęć, a trochę z przekory. Ale to był okres, w którym Kościół agresywnie i nieumiejętnie angażował się w politykę. Nie zgadzałem się z tym ani ja, ani nikt w moim środowisku i szkole. Bogu dzięki, że była to tylko godzina w tygodniu! Katecheci, jakich wówczas spotkałem, nie dawali zbyt wiele nadziei. Polubiłem tylko jednego z nich. Był po technikum kolejowym i kiedy jechaliśmy na pielgrzymkę, z pasją objaśniał nam znaki kolejowe. Jego następca był bardzo zaangażowany. Wszystko miał zorganizowane, a na zajęcia przychodził z kserówkami. Tylko że my na lekcjach robiliśmy wciąż rozgardiasz, bo kwestie teologiczne, którymi chciał nas zainteresować, były zbyt abstrakcyjne. Mieliśmy też księdza, któremu występowały plamy na twarzy, kiedy tylko zadawaliśmy mu pytanie. A wiadomo, że jak się ksiądz denerwuje, to młodzież stara się go jeszcze bardziej wkurzyć. Więc organizowaliśmy konkursy, kto pierwszy wyprowadzi go z równowagi. Specjalizowałem się w zadawaniu głupich pytań. Jeszcze inny z księży ciągle zionął alkoholem, ale to nam nie przeszkadzało, bośmy sami nim zionęli. Nie on jeden jako nauczyciel przychodził na lekcje nietrzeźwy. Nie miałem więc najlepszych doświadczeń z księżmi w okresie burzliwego dojrzewania.

Liceum: Syndrom niepokoju niedzielnego

Burzliwego?

W liceum wszedłem w okres grubego imprezowania. Szczegóły zostawmy inteligencji Czytelników, zwłaszcza młodych.

Chodziłem wtedy do liceum środowiskowego, dla dzieci sopockiej „elity". To była szkoła z aspiracjami. Uczyli w niej głównie nauczyciele akademiccy, którzy traktowali nas bardzo poważnie. Zamiast ocen stosowano rozliczenia procentowe. Przedmiot zaliczało się, zdobywając od 51 procent wzwyż, a chemię – o zgrozo! – od 65 procent. Biedny pan profesor Walewski. I chociaż nie miałem szczęścia do katechetów, to kilku innych nauczycieli było tam świetnych. Pani polonistka, pan historyk i jeszcze kilka osób. W pewnym sensie zżyliśmy się ze sobą. Razem jeździliśmy na tak zwane piwaki. Wzajemnie się kryliśmy, ale i próbowaliśmy nie przegiąć.

Krakowską mistykę tak po prostu zastąpiły w Księdza życiu sopockie imprezy?

Nie do końca. Niewiele później, kiedy byłem już w seminarium, miałem zajęcia z psychologii z bardzo mądrym księdzem Bronisławem Grulkowskim, który niestety zginął, jadąc na rowerze, potrącony przez samochód w Rosji. Przekonywał nas, że u ludzi, którzy utracili wiarę, występuje syndrom niepokoju niedzielnego. Polega on na tym, że kiedy przychodzi niedziela, ich coś kłuje. Wydaje mi się, że miałem ten syndrom.

Jednocześnie przeszedłem przez doświadczenie, które mnie odrzuciło. W moim liceum było wiele dziewczyn, całkiem pobożnych, typu: jestem gruba, nikt mnie nie chce, mam długą spódnicę, więc klaszczę w łapki, chwalę Pana (dziś już nie ma takich pobożnych rodem z dawnej Oazy), a nasz lider był nastoletnim młodzieńcem sprawiającym wrażenie przytłoczonego nałogiem ipsacji. Kiedyś dałem się im wywieźć na zlot wspólnot charyzmatycznych do Konarzewa koło Poznania. Trwające godzinami świadectwa typu: kiedyś byłem takim zwykłym katolikiem, potem spotkałem wspólnotę XYZ, Duch Święty w przebraniu anioła strzelił mnie w ucho i zostałem kompletnie odnowiony. Wiem, że w tym momencie wszyscy członkowie Ruchu Światło-Życie i wspólnot charyzmatycznych robią sobie ze mnie lalkę voodoo, ale chcę powiedzieć najpoważniej: siostry i bracia, więcej luzu. Może wszyscy skupiamy się za bardzo na formie. Więcej wzajemnej akceptacji. Jesteśmy w jednym Kościele, a wyłącznym celem jest zbawienie. Po takim spotkaniu postanowiłem sobie: a ja właśnie postaram się zbawić przez zwykły parafialny katolicyzm. Teraz myślę, że podskórnie czułem jakąś ukrytą pogardę dla tych rzesz katolików, młodych, ale zwłaszcza bardzo leciwych, z mozołem próbujących odnaleźć Pana Boga we własnej parafii.

Nie chodziłem do kościoła w niedzielę, ale zdarzało się, że w tygodniu nawet kilkakrotnie. Zwłaszcza wieczorem. Coraz chętniej zostawałem na Mszy Świętej. Najczęściej był to mój kościół parafialny św. Jerzego, neogotycki, w samym centrum, przy Monte Cassino. Patrzyłem na kapłana i myślałem: „Albo to są jakieś wielkie jaja, albo coś w tym jest".

Moje spojrzenie na wiarę i Kościół było wtedy typowym spojrzeniem laickiego chłopaka, oczytanego w „Gazecie Wyborczej". Oczywiście, Jezus istniał i głosił piękne idee, ale – również oczywiście – Kościół to paskudna instytucja, która zagarnęła Jego postać dla swoich nikczemnych celów, a zwłaszcza dla kasy. Ale tak naprawdę w sumieniu wiedziałem, że to jest tylko jedna z hipotez. Moje krakowskie doświadczenie i doświadczenie Pierwszej Komunii Świętej kazały iść głębiej.

I gdzie te doświadczenia Księdza doprowadziły? Nastąpił jakiś przełom?

Raczej nie. To było bardziej intelektualne i duchowe przesiąkanie niż grom z jasnego nieba, którego być może niektórzy się spodziewają. Wspominałem już o tych moich wieczornych samotnych Mszach, pełnych wątpliwości i dylematów. Ktoś śmiesznie ubrany stoi za ławką, podnosi andrut, wszyscy przed świętym waflem padają na kolana. Albo to należy zlekceważyć i pójść własną drogą, albo szukać dalej. Jedynym zauważalnym przełomem mogło być to, co wydarzyło się podczas szkolnej wycieczki do Torunia.

Proszę uruchomić wyobraźnię. Połowa lat dziewięćdziesiątych. Trzecia klasa LO. Sezon osiemnastek w pełni (maturę zdawało się w czwartej klasie). Liberalni nauczyciele, pozwalający niemal na wszystko i przymykający oko. Już w pociągu jesteśmy dobrze podchmieleni. W Toruniu do wieczora rozkręciła się gruba impreza. Komunistyczny hotel „Pod Orłem", późny Gierek, syf, na parterze agencja towarzyska. Potwornie się upiliśmy i narobiliśmy trzody w wielu wymiarach. Spuśćmy na szczegóły miłosiernie zasłonę milczenia. Fakt faktem, że w pewnym momencie przebrała się miarka, wpadła, zdaje się, wicedyrektor (mam prawo nie pamiętać) z inną nauczycielką. Przypał jak nie wiem co. Zabierają wódkę. Jedną flaszkę wylewają do zlewu, drugą wynoszą. Następnego dnia oddają, ale czemu inną? Prawdopodobnie na trzeźwo byliśmy nie do zniesienia.

Rano kolega, którego ojciec uczył w naszej szkole, panikuje: „Wywalą nas!". Odczuwałem potworny dyskomfort. Przede wszystkim fizyczny, ale i jakoś moralny, gdyż jeden z kolegów, gdyby nie szybka akcja, spadłby z płaskiego dachu, a drugi niemal się udusił własnymi wymiotami. Wyruszyłem w miasto. Nie miałem pobożnych zamiarów. Zwyczajnie poszukiwałem sklepu i czegoś na kaca. Przechodziłem jednak koło jakiegoś kościoła. Okazał się nim kościół jezuitów na toruńskim rynku. Nawet nie wiem po co, ale wszedłem do niego. W konfesjonale siedział leciwy ksiądz. Przez kratki widziałem jedynie jego potężny orli nos. Ze wszech miar zionąłem i nie był to *odor sanctitatis*. Spowiadałem się całkiem nieprzygotowany. A czyniłem to po latach. Spowiednik był wyraźnie załamany. Nie tylko moim stanem, ale chyba też listą dokonań, bo trochę mi się nazbierało, na przykład tego wieczora dostałem w pysk od dziewczyny, i to nie za darmo. Załamała go zwłaszcza postawa pedagogów. To mnie chyba uratowało, bo nie okazał oburzenia i w jakimś sensie mi współczuł. Pamiętam, że miał na imię Wacław. To jeden z tych momentów w życiu, w których spotykając nieznanego człowieka, ma się wrażenie, że zna się go od lat i chce mu się ufać. To pewnie kwestia łaski – roztaczać wokół siebie taką aurę.

Strzał ze strony ojca spowiednika: „Nie myślisz o kapłaństwie?". „Prorok czy co?". Moje wyznanie przecież wcale na to nie wskazuje. Chyba tylko to, co mówiłem o Komunii Świętej, mogło go po ludzku zainspirować. Musiałem przyznać, że głęboko niechciana myśl o powołaniu zaczęła mnie coraz intensywniej dręczyć podczas Mszy Świętych u św. Jerzego.

Podczas tej spowiedzi ksiądz polecił mi zgłoszenie się do jezuitów w Gdyni. Najpierw to zlekceważyłem, potem to do mnie wracało, aż wreszcie zdecydowałem się na rozmowę w tamtejszym duszpasterstwie powołaniowym.

POWOŁANIE

albo przeciwwskazania

czyli opowieść o tym, jak człowieka nakręca
radykalny wybór, o potrzebie braku czasu
i o nocnych wizytach, a także o Bożych dworkach
i sadzonkach do góry korzeniami

Tatrzańska wyprawa. Słowacja, 1991 r. – fot. z archiwum Autora

Jezuici: Niech żałują!

I co Ksiądz usłyszał?

Usłyszałem pytanie, czy należę do jakiejś wspólnoty. Po przeczącej odpowiedzi ksiądz zasugerował mi, żebym zaangażował się w jakąś grupę kościelną. Tym tropem nie poszedłem, zrażony wcześniejszymi doświadczeniami. Jedyne, co mi przyszło do głowy, to dawny epizod służby ministranckiej. Z bomby, czyli z partyzanta (tak już się wtedy chyba mówiło), zapytałem w mojej parafii, czy mogę zostać lektorem. Zgłosiłem się do księdza Andrzeja Hassego, który podówczas opiekował się służbą liturgiczną. Ten młodziutki ksiądz po seminarium w Pelplinie bardzo pobożnie odprawiał Mszę Świętą. Humerał, alba, cingulum. Poświęcał nam, lektorom, dużo czasu.

Zacząłem też – po raz drugi w życiu – wchodzić w bliskość z Panem Bogiem w Komunii Świętej. Mówię to z całą powagą: jeśli człowiek przyjmie Komunię Świętą z pełnym zrozumieniem tej sytuacji, nie jest możliwe, by pozostał taką samą osobą jak wcześniej. Wejście w realną wspólnotę z Jezusem musiało pociągnąć za sobą intelektualne konsekwencje. Jak to rozumiałem?

Następnym krokiem było kapłaństwo. Poczułem, że moje życie zaczyna przesiąkać tą myślą w czasie Mszy w kościele parafialnym. Niezmiennie denerwowały mnie wszelkie banalne świadectwa. Także powołaniowe. Sprowadzały się do opowieści o tym, jak to człowiek jest letnim katolikiem i nagle słyszy głos Pana: „Pójdź za Mną". W moim odczuciu takie głosy słyszą matki lub ciotki kandydatów. A jest to poparte kolejnym wzmacniającym przekonaniem: „Kto ma księdza w rodzie, tego bieda nie ubodzie". Postanowiłem, że dla mnie, który zawsze idę pod prąd, właściwą drogą będzie zakon. Chciałem czegoś więcej, chciałem ekstremalnie. Tak, chciałem zostać jezuitą.

Jezuici imponowali mi intelektualnie, poza tym, szczerze mówiąc, nie miałem dobrego rozeznania w zakonach, a za jezuitami przemawiało doświadczenie wspomnianej spowiedzi i jakieś wielkie wyczucie „sprawy" przez spowiednika. Aspirując do nowicjatu, przechodziliśmy tydzień po tygodniu rekolekcje ignacjańskie. Jeździliśmy do sanktuarium w Świętej Lipce. Uczyliśmy się medytacji i odprawialiśmy *lectio divina*. Trwaliśmy w ciszy i w samotności. Robiliśmy notatki i dyskutowaliśmy. Duchowe wspomnienia z tego okresu pomagają mi do dziś.

Kiedy ja uzyskałem moralną pewność, że chcę być jezuitą, zakon mnie nie przyjął. To była moja pierwsza prawdziwa życiowa porażka.

Dlaczego został Ksiądz odrzucony?

Otrzymałem list, w którym prowincjał kategorycznie sprzeciwił się przyjęciu mnie do nowicjatu. Nawet gdyby nie istniały inne przeciwwskazania – przeczytałem w tej korespondencji – to wzrok wedle referenta powołaniowego był dostateczną przyczyną odmowy. A więc rozstrzygające były problemy zdrowotne, ale najbardziej bolesne było sformułowanie „gdyby nie istniały inne przeciwwskazania". Jakie?! Nikt nie chciał mi tego wyjaśnić, nikt nie chciał ze mną rozmawiać. Czy jestem szalony, niezrównoważony?

Potrzebowałem rozmowy, żeby w tym doświadczeniu obronić sens mojego głębokiego przekonania, że chcę być księdzem. Już wcześniej wprawdzie, kiedy bardzo uczciwie sygnalizowałem moim powołaniowym rozmówcom problem wzroku i wyrażałem obawę, czy nie będzie to przeszkodą, jeden z ojców konfidencjonalnie położył palec na ustach i powiedział: „Nie mów więcej, bo powiesz za dużo". Zapachniało korporacją. Kościołem przez małe „k", którego tak bardzo się obawiałem, a którego miałem „szczęście" doświadczyć później wielokrotnie.

Zgłosiłem się do seminarium duchownego w Gdańsku. Jestem szczerym facetem, więc od razu się przyznałem, że przychodzę tutaj, ponieważ jezuici mnie nie przyjęli. Złożyłem papiery i wyjechałem na wakacje do Francji. Po powrocie odebrałem list z zaproszeniem na rozmowę do rektora seminarium, bardzo przyzwoitego księdza. Był nim Stanisław Wypych CM. Rektor powiedział mi, że on jest na tak, ale ostateczną decyzję chce podjąć arcybiskup Gocłowski, i umówił mnie na spotkanie. Wtedy do akcji wkroczył mój tata. Wiedząc, że jego szef, marszałek Maciej Płażyński (będący wówczas wojewodą gdańskim), ma dobre relacje z arcybiskupem, poprosił go o protekcję. Ojciec trafił do urzędu wojewódzkiego po krótkim epizodzie wiceprezydentury w Sopocie.

Nie wiedząc o protekcji, ruszyłem na spotkanie. Pamiętam dokładnie tę rozmowę. Koniec lipca 1996 roku. Ja, zwyczajny chłopak, a tu budynek kurii. Nawet teraz czuję się tam nieswojo. Nie znałem kościelnych konwenansów. Byłem chyba nad wyraz wyluzowany. Arcybiskup Tadeusz zdziwiony śmiał się. Podczas rozmowy wchodzi prałat, już wtedy staruszek, Kossak-Główczewski, który zawsze był zdrowy i mawiał, że ostatni katar miał w Dachau. „Księże arcybiskupie, ilu mamy kandydatów w tym roku do seminarium?" – pyta. Na co arcybiskup Gocłowski spojrzał na mnie i mówi: „No, już nie wiem, jak do ciebie mówić. Chyba kleryk". A do księdza Główczewskiego dodał: „Teraz, księże prałacie, mamy dwudziestu czterech".

To był dla mnie bardzo szczęśliwy dzień. A już zwłaszcza gdy odkryłem, że rozmowa miała miejsce 31 lipca, czyli we wspomnienie świętego Ignacego Loyoli, założyciela zakonu jezuitów. Odczytałem to jako przekorny znak. Wygrałem moralnie.

Rozeznawanie: Bez skarpetek

Czy na etapie rozeznawania miał Ksiądz jakieś wątpliwości?

Nie.

A dziewczyny?

Miałem jedną dziewczynę, choć to bardziej ona miała mnie niż ja ją. Wtedy nie potrafiłem zbudować związku, brakowało mi do tego dojrzałości. Lepiej mi wychodziło chodzenie na piwo z Jackiem, moim serdecznym kolegą. Przez to zaniedbałem dziewczynę i w efekcie nasz związek się rozpadł. Dzisiaj jest szczęśliwa, ma męża, dwójkę dzieci, dobrą pracę. Utrzymujemy naszą znajomość.

Myśl o kapłaństwie nie wzbudzała w Księdzu strachu przed utratą szansy na założenie własnej rodziny?

Nie rozpatrywałem tego i nie rozpatruję w kategorii strachu. Podówczas, jak i teraz, tak konsekwentny, radykalny wybór mnie kręcił. Jeśli mówimy o strachu, to czuję go jedynie wtedy, gdy wyobrażę sobie niespodziewany telefon i głos osoby około osiemnastoletniej po drugiej stronie słuchawki: „Tatuś?!". Na szczęście już tyle lat żyję w celibacie, że taki telefon staje się coraz mniej realny.

Nie zniechęciło Księdza odrzucenie przez jezuitów, i to właściwie bez słowa komentarza?

Dopiero teraz jakoś to przepracowałem i mówię sobie: „Nie przyjęli, to niech żałują!". Podobno jezuitów skrytykował jeden z nich, ojciec Wacław Oszajca, który jest dla mnie autorytetem. Otóż gdy przeczytał o tym w „Tygodniku Powszechnym", opieprzył swoich współbraci. Nie ukrywam, że to mi podbudowało ego. Skoro mam taki odsłuch, to rosnę w dumę.

Cenię sobie niezależność księdza diecezjalnego. Jezuici funkcjonują jako wspólnota, lepsza lub gorsza. W skrajnych przypadkach może być tak, że przełożony bierze wszystkie twoje pieniądze i potem ci je wydziela jak rodzic dziecku kieszonkowe. Odwrotna patologiczna sytuacja jest wtedy, kiedy w imię zakonnego ubóstwa otaczamy się bogactwem, oczywiście wszystko jest zakonne. Tak też się można ustawić. Natomiast ksiądz diecezjalny to prywaciarz. Chociaż może to nie najlepszy przykład, bo nie przywiązywałem się nigdy do pieniędzy. Jestem siedliskiem grzechów głównych, ale myślę, że brak we mnie chciwości.

Z dzisiejszej perspektywy oceniam, że jako ksiądz diecezjalny jestem bliżej ludzi, niż byłbym, gdybym został zakonnikiem, miał zatankowany za zakonne pieniądze samochód, opłacone OC, komórka – zakonna, bilety, przejazdy, wizyty u lekarza opłaca SJ albo OP, i tak można by wymieniać w nieskończoność.

Może to odrzucenie było wręcz błogosławieństwem?

Nie ma tego złego, co by na dobre nie wyszło. Jako jezuita nie zbudowałbym hospicjum. I nie wyrąbałbym sobie takiej drogi do osiągnięcia indywidualności, jak to zrobiłem w roli księdza diecezjalnego.

Z perspektywy własnych doświadczeń co by Ksiądz doradził młodemu człowiekowi, który rozeznając swoją drogę, myśli o życiu kapłańskim lub zakonnym?

Od wielu lat mam z tym problem. Jak pokazać, że kapłaństwo może być fascynującą przygodą? Że – niestety muszę tu używać górnolotnych słów – całkowite oddanie się Panu Bogu w Kościele katolickim ma sens? W tym Kościele, jaki znamy i jaki mamy, z celibatem, z dojmującą kapłańską samotnością. Jak o tym mówić młodemu mężczyźnie, gdy sam jestem teraz w takim wieku, że mając te 38 lat, znów odczuwam, jak buzuje w człowieku chęć ojcostwa? Naprawdę nie wiem. Ale wiem, że pomimo tego wszystkiego tak najgłębiej, w swoim wnętrzu, czuję się przede wszystkim mistykiem. Na zewnątrz tego nie widać. Ludzie, patrząc na mnie, tego nie dostrzegą.

Ale tak wybrałem. W pewnym momencie mojego kapłaństwa złożyłem osobisty ślub: „Panie Boże, nie mam Ci wiele do ofiarowania, ja Tobie ofiaruję mój prywatny czas jako ofiarę oddania się w całości. To mój ślub dla Ciebie". Dlatego staram się swoje kapłaństwo przeżywać tak, żeby nie mieć prywatnego czasu. Dlatego jesteśmy teraz razem, rozmawiamy i wydajemy książkę. Bo wiem, że za tym dyktafonem kryje się większa lub mniejsza grupa ludzi, która to teraz czyta. Chcę być też dla nich. Cały czas chcę „być dla".

Czasami jest to o wiele cięższe niż wyrzeczenia związane z celibatem. Ksiądz, który się na to decyduje, zawsze odbierze telefon, zawsze oddzwoni, nigdy nie odmówi spowiedzi, choćby był skrajnie zmęczony. Kiedy byłem katechetą, starałem się zaprzyjaźnić z uczniami, mówiłem im, że mój telefon jest dla nich dostępny 24 godziny na dobę. „Możecie mi pisać najgłupsze SMS-y w nocy, ale nie puszczajcie sygnałów, bo wtedy wydaje mi się, że trzeba biec do umierającego w szpitalu lub hospicjum. Ale kiedy wpadniecie w życiową czarną dupę, zawsze dzwońcie". I zdarzyło się, że w środku nocy musiałem po kogoś jechać, rozmawiać albo wręcz kogoś ratować, bo pijany rozbił auto. Zdarzyły się też wizyty w środku nocy. Wiedziałem, że chłopak przy domofonie to miglanc, więc zanim go wpuściłem, zapytałem, czy sprawa nie może poczekać do jutra. Gdy powiedział, że nie, włożyłem sutannę i zszedłem bez skarpetek. I okazało się, że gdybym wtedy do niego nie zlazł, to byłby dalej w czarnej dupie. Chłopak był kompletnie pijany, pił już drugi dzień, zaczął po tym, jak się dowiedział, że ma raka. *Pacta sunt servanda*: umów trzeba dotrzymywać. Do tego wcale nie trzeba być wierzącym, wystarczy być przyzwoitym.

Ale nie wiem, jak przekonać młodych ludzi, że tak warto żyć. Ani nie wiem, jak ich, do jasnej cholery, przekonać do piękna Eucharystii albo do piękna tego, z czym ksiądz się spotyka dzięki spowiedzi. Patrząc z osobistej perspektywy, myślę też o towarzyszeniu umierającym. Przecież wtedy ważą się sprawy między życiem a śmiercią, między zbawieniem a potępieniem. Mam świadomość wielkości sprawy i swojej bezradności w pokazaniu piękna kapłaństwa.

Ale co dokładnie, zanim poznał Ksiądz tę drogę, pociągnęło młodego Jana do kapłaństwa?

Pociągała mnie niezmiennie możliwość sprawowania Eucharystii, bycia maksymalnie zjednoczonym z Jezusem. Te fundamenty nie mogą się zmienić i mam nadzieję, że u młodego Jana, średniego Jana i starego Jana nigdy się nie zmienią.

Pamiętam, że podczas pierwszych seminaryjnych rekolekcji mówiono, iż te początkowe zachwyty opadną. To mnie strasznie irytowało. Oczywiście, że one się zmieniają, bo człowiek dojrzewa, ale istota pozostaje ta sama, następuje tylko pogłębione jej przeżywanie. Inaczej jest w pierwszym roku kapłaństwa, inaczej w trzecim, ósmym, a inaczej, jak u mnie obecnie, w trzynastym. Ale to nie „przechodzi", bo jakby miał „przejść fundament"? Ojcostwo nie może przejść, miłość nie może przejść, kapłaństwo – które należy traktować jak ojcostwo, czego nie mówię z przesadą, lecz bardzo szczerze – nie może przejść. Można się w kapłaństwie zestarzeć „na starego, sfrustrowanego kawalera", ale można też się zestarzeć „na ojca". Tak samo zakonnica może się zestarzeć na zrzędliwą babę albo na matkę i, co jest bardzo trudne, odszukiwać w sobie pokłady macierzyństwa. Mam ogromny szacunek dla sióstr zakonnych, bo tylko próbuję sobie wyobrazić, jak niełatwe może to być dla nich zdanie.

Celibat: Z czego my dzieci utrzymamy?

Kiedy mówi Ksiądz o ojcostwie, od razu przychodzi na myśl temat celibatu, który coraz częściej ma opinię rozwiązania archaicznego. Jakie jest Księdza zdanie?

Nie wyobrażam sobie kapłaństwa bez celibatu. Nie dlatego, żebym miał za mało przestrzeni w sercu, by kogoś pokochać, ale dlatego, że celibat pozwala mi na bycie wyłącznie dla Niego w innych.

Można się zastanowić, czy nie wprowadzić dobrowolności kapłańskiego celibatu. To jest tylko kwestia dyscypliny kościelnej. Idąc do rzymskokatolickiego seminarium, należy przyjmować celibat jako oczywistość. Jeśli w przyszłości coś się zmieni, to wyłącznie w kierunku rozwiązania, w którym wyświęceni księża nigdy nie będą mogli się żenić, ale żonaci mężczyźni czasem będą mogli zostać dopuszczeni do święceń. Tak jak w Kościołach wschodnich.

Czy to byłoby dobre rozwiązanie?

Czas pokaże. To odległa przyszłość. Mniej obawiałbym się wyświęcania tak zwanych *viri probati*, mężczyzn dojrzałych, z odchowanym potomstwem, przy akceptacji żony. I w dzisiejszym Kościele, choćby na podstawie konstytucji apostolskiej *Anglicanorum coetibus* Benedykta XVI, wypracowano możliwość funkcjonowania księży z rodzinami, wywodzących się z Kościoła anglikańskiego, przywiązanych do jego porządku prawno-liturgicznego, a pragnących powrócić do jedności z Rzymem. Udzielane są także indywidualne dyspensy dla anglikanów, którzy chcą funkcjonować w rycie rzymskokatolickim, a z prawa naturalnego nie mogą porzucić rodzin. Gdybyśmy jednak mieli do czynienia z ludźmi młodymi, którzy – jak we wspomnianych już Kościołach Wschodu – jednocześnie formują się do kapłaństwa i małżeństwa, a ostatecznego wyboru dokonują przed diakonatem, proszę zobaczyć, ile wiązałoby się z tym praktycznych problemów. Czy lepszym księdzem jest ten żonaty, czy nie? Czy ten żonaty może mieć czas na rodzinę, czy nie? Nie mówiąc już o skandalach typu „córka wikarego ma romans z proboszczem" albo żona mówi do proboszcza: „Zobacz, twój kolega został już kanonikiem i przenieśli go na dużą parafię, a my siedzimy w jakimś lesie. Nic się nie starasz. Z czego my dzieci utrzymamy?", a nawet o społecznym poruszeniu: „Zobaczcie, syn wikarego zaczął ćpać, a córka ma nieślubne dziecko". Niektórzy twierdzą, że wówczas księża przynajmniej znaliby problemy ludzi. Ale przecież ksiądz też wychodzi z jakiejś rodziny, czyta (mam nadzieję), ma rodzeństwo, znajomych, nie mówiąc już o tym, że spowiada. Jeśli tylko ksiądz ma trochę oleju w głowie, to nie będzie człowiekiem z księżyca.

Gdybym miał wybierać jeszcze raz, wybrałbym celibat. Gdybym teraz otrzymał możliwość wyboru, czy nadal chcę trwać w celibacie, czy nie – wybrałbym celibat. Nie po to przysięgałem przed Bogiem, że z Jego pomocą dotrzymam obietnicy, żeby sobie potem robić z gęby cholewę.

Posłuszeństwo: Nie zwalania z myślenia

To samo dotyczy posłuszeństwa. Można lubić swoich przełożonych, można ich nie cierpieć. Ale nie po to wkładałem ręce w feudalnym geście w ręce biskupa suwerena i patrząc mu w oczy, mówiłem: „Przysięgam tobie i twoim następcom cześć i posłuszeństwo". Cześć nie jest bałwochwalstwem, a posłuszeństwo ogranicza się do prawa kanonicznego i moralności chrześcijańskiej. Podczas liturgii będę wyrażał biskupowi cześć i posłuszeństwo przez stosowne gesty liturgiczne, co nie znaczy, że temu czy innemu biskupowi nie zwrócę uwagi, że jego zachowanie jest niestosowne.

Posłuszeństwo jest czymś, co w dzisiejszych czasach, nastawionych na niezależność człowieka, budzi opór. Kojarzy się od razu ze ślepym posłuszeństwem.

W polskim Kościele posłuszeństwo podnosi się do rangi dogmatu. Ono nie zwalnia ani przełożonego, ani podwładnego z myślenia i z wartościowania moralnego. Nikt nikomu przez posłuszeństwo nie odebrał władzy krytycznego rozumu.

Posłuszeństwo jest dziś mylnie rozumiane, ponieważ księża i osoby zakonne często funkcjonują tak jak pracownicy korporacji, bojąc się o swoją pozycję i wypatrując awansu. Wtedy nie ma w tym nic ze słuchania Ewangelii, lecz jest wiele z konformizmu. Promowanie błędnie rozumianego posłuszeństwa przypomina sytuację w partii komunistycznej albo mafii: ważne, kto na fotografii stoi blisko pierwszego sekretarza. Z tego amerykańscy sowietolodzy wysnuwali przypuszczenia, kto ma szansę na dojście do władzy. Czasami w ten sposób tworzą się „boże dworki" przy kościelnych przełożonych. To bardzo ludzkie. Najważniejsze jest wtedy to, kto na kogo spojrzał łaskawym, a kto złym okiem, koalicje tworzą się wokół pnących się po szczeblach kariery, a inni, choćby bardziej wartościowi, są wdeptywani w ziemię.

Przełożeni otoczeni dworem tracą kontakt z rzeczywistością. Wpadają w pokusę nieomylności. Myślą o sobie jak król Midas: czegokolwiek dotknę, staje się złotem. Nieprawda. Wszyscy jesteśmy omylni. Jako przełożony w hospicjum staram się, żeby ten scenariusz się nie ziścił, ale kto wie: może jestem już tak omamiony, że przestałem właściwie oceniać rzeczywistość? Przełożeni w Kościele nie mogą zdawać się wyłącznie na światło Ducha Świętego, ale muszą także kierować się rozumem. I nie bać się podejmowania decyzji, także tych ryzykownych.

Czy podwładny, czując, że przełożony postępuje źle, powinien reagować?

W każdym przypadku ma moralny obowiązek protestowania. Poza tym nikt, kto ślubował posłuszeństwo, a dokonuje haniebnych rzeczy, nie może zasłaniać się tym, że tak mu nakazał przełożony. Może się to wywodzić z czasów, kiedy przełożona zakonna – co było aberracją posłuszeństwa – kazała podwładnym sadzić sadzonki korzonkami do góry. To było wbrew logice. Biedaczki sadziły, wiedząc, że jest to robione źle. W ten sposób przełożeni chcieli łamać sumienia i inteligencję podwładnych.

Zdarzyło mi się kilkakrotnie polemizować z przełożonym. Nie wiem, czy potraktował mnie poważnie, czy nie. Ale muszę powiedzieć, że, wbrew pozorom, pomimo mojego niewyparzonego języka czuję się w Kościele wolny.

Zobaczymy jeszcze, jak będzie po tej książce.

SEMINARIUM

albo kryteria negatywne

czyli opowieść o drapaniu w sercu,
znajdowaniu się na emocjonalnym szpicu,
kościelnej nowomowie i księżowskim diapazonie,
a także o skanerze i kakaowym dresie

Obłóczyny. Gdańsk, 1998 r. – fot. z archiwum Autora

Wybór: Zmarnowana miłość

Jakim doświadczeniem były dla młodego Jana pierwsze lata w seminarium?

Pewnie zabrzmi to zaskakująco, ale seminarium wspominam bardzo dobrze. Jak mówiłem, w moim domu rodzice nie byli osobami wierzącymi, choć pozostawali otwarci na dyskusję o Bogu, a jednocześnie byli mądrze antyklerykalni. Dla moich rodziców mój wybór oznaczał degradację społeczną. Mama przestrzegła: „Bądź sobie księdzem, ale zrób normalne studia. Kościoły we Francji opustoszały już dawno. Byłam tego świadkiem. I w Polsce niedługo opustoszeją" albo „Mój syn będzie wiejskim wikarym, zostanie żebrakiem". Ja do dziś odpowiadam: „To prawda, ale ekskluzywnym, bo będę żebrać w kościele, a nie przed". To się sprawdziło. Jestem żebrakiem. Utrzymuję się jak cały Kościół z sakralnego żebractwa, kiedy jeżdżę po całej Polsce i nie tylko, zbierając na hospicjum.

Idąc do seminarium, spodziewałem się jak najgorszych rzeczy. Przecież do tej pory moje doświadczenia z księżmi były fatalne. Nastawiłem się nawet na to, że w seminarium spotkam mnóstwo karierowiczów i aktywnych homoseksualistów. Łatwo wyobrazić sobie piekło, kiedy w ograniczonej przestrzeni zamknie się stu dwudziestu facetów. Patologie mogą się wówczas rodzić, tak jak w każdym innym zamkniętym środowisku.

Nie miałem obaw związanych z aktywnością seksualną, ponieważ jestem niespecjalnie ponętny, nawet dla środowiska gejowskiego. Byłem za to nastawiony na zalew cynizmu, kretynizmu, karierowiczostwa. Tymczasem poznałem wielu kolegów, którzy byli i są osobami autentycznie oddanymi Bogu.

Rodzina nie rzucała Księdzu kłód pod nogi?

To nie w stylu mojej rodziny, żeby komukolwiek rzucać kłody pod nogi. Nie tylko w odniesieniu do mnie. Obrazek z życia mojej siostry. Po maturze bardzo ambitnie chce dostać się na wymarzoną ekonomię (wtedy był to kierunek oblegany). Denerwuje się. Tata, widząc to, mówi: „Madziu, ty tak lubisz dzieci. A może byś została przedszkolanką?". Magda wspomina, że wtedy stres i napięcie ją opuściły. Oczywiście dostała się na ekonomię. Proszę też wspomnieć postawę mojego ojca, który interweniuje w sprawie przyjęcia mnie do seminarium. I za to ich kochamy. Mogą nie być przekonani do naszych wyborów, ale je szanują.

Więc jak rodzice zareagowali na Księdza decyzję o wstąpieniu do seminarium?

Wiedzieli, że zrobię to wcześniej czy później. Wakacje we Francji, które mi zafundowali, chyba miały odwrócić moją uwagę od tego pomysłu. Rodzice nakłaniali mnie na studia świeckie, liczyli, że może wybiorę taką drogę jak moje rodzeństwo. Ale miałem w sobie obawę, że wszystko w życiu można zmarnować, rozmienić się na drobne. Czułem, że to jest moment, którego nie mogę przeciągać, że to czas decyzji, więc do seminarium wstąpiłem zaraz po maturze.

Co to znaczy zmarnować powołanie?

To znaczy to samo co zmarnowanie wielkiej miłości. Marnujesz miłość, kiedy o nią nie dbasz. Marnujesz powołanie, kiedy się poddajesz i tracisz ideały, przestajesz nad sobą pracować i wymagać od siebie. Zmarnować, czyli też nie odkryć powołania. Czujesz, że coś cię w sercu drapie, ale ze względu na swoje lęki odkładasz ostateczną decyzję. Widziałem seminarzystów, którzy odkładali ją w nieskończoność, co jest groźne, bo moim zdaniem trzeba być wewnętrznie przekonanym do kapłaństwa mniej więcej przed końcem trzeciego roku. Dojrzali ludzie po prostu muszą podjąć decyzję. Jeżeli ktoś wciąż bierze urlopy dziekańskie, chodzi już w sutannie, rozważa, przeciąga wszystko do ostatniej chwili, to kiedy przychodzi ostateczny moment, może znaleźć się pod presją: świnia ubita, cała wieś czeka, babcia drugi rok wyszywa ornat, sąsiedzi zbierają na samochód na prezent prymicyjny...

Czy kapłaństwo może być traktowane jako wybór lepszy, bardziej wartościowy, niż wybór życia rodzinnego?

Ktoś, kto nie chce mieć dzieci, kto nie wyobraża sobie siebie jako męża odpowiedzialnego za rodzinę, nie może być odpowiedzialny za innych, którzy mówią do niego „ojcze". To jak w prześmiewczym kawale: wszystkie dzieci mówią do księdza „ojcze", tylko własne – „wujku". Niestabilna osoba ani nie stworzy szczęśliwej rodziny, ani nie będzie szczęśliwa w kapłaństwie czy w życiu zakonnym.

Formacja: Jak najmniej pomiędzy

O formacji seminaryjnej krążą różne opinie, zwykle dość krytyczne. Ksiądz Piotr Pawlukiewicz twierdzi, że seminarium wciska młodych mężczyzn w toporny szablon i po kilku latach wypluwa, lecz ci są już „bierni, mierni, ale wierni". Nie szukają wspomnianego przez Księdza rozwoju, lecz rozglądają się za komfortem i wpasowują w schematy.

Mam poczucie, że tak się faktycznie dzieje. Gdańskie seminarium w okresie, kiedy tam byłem, było seminarium otwartym. Mogliśmy wychodzić, w miarę swobodnie dysponować swoim czasem, uczestniczyć w życiu kulturalnym. Chodziłem do teatrów, do opery.

Przełożeni działali logicznie. Mój bezpośredni przełożony był człowiekiem, który o nas walczył. Nie było w nim zgody na stosowane czasem w seminariach kryterium negatywne: niczym nie podpadł, można święcić. U nas trzeba było pokazać, dlaczego warto nas wyświęcić. Słyszałem, że podobnie – motywująco, stymulująco – działał ojciec Maciej Zięba jako prowincjał dominikanów.

Rozumiem zarzut księdza Pawlukiewicza, kiedy odnoszę go do własnych obserwacji. Nieraz widzę u księży kłopoty z radzeniem sobie w życiu w trzech podstawowych sprawach. Często nie potrafią rozwiązywać konfliktów. Bywa, że są bierni w wyszukiwaniu nowych zadań do wykonania i wolą działać sztampowo.

Poza tym bolączką księży, nieprzygotowanych do tego w seminarium, są trudności w radzeniu sobie z prywatnymi problemami. Tymczasem z badań wiadomo, że spora liczba kandydatów do kapłaństwa to osoby, które wyszły z trudnych domów: rozbitych, alkoholowych, patologicznych. Myślę, że za bardzo boimy się w seminariach wiedzy i pracy psychologicznej.

Myśl o konsultacji psychologicznej albo terapii wzbudza wśród księży lęk i podejrzenia. Moim zdaniem nieuzasadnione. Księża niejednokrotnie, jak ja, są wysunięci na emocjonalny szpic. Cały czas towarzyszę ludziom w sytuacjach granicznych. Pewnie powinienem nie tylko uczestniczyć w rekolekcjach, ale też równolegle korzystać z fachowej superwizji. Nawet chętnie porozmawiałbym z kimś, kto pomoże mi nazwać i obsługiwać moje emocje, z którymi przecież, jak każdy, czasami mogę sobie nie radzić.

Kiedy mowa o obciążeniach formacji seminaryjnej, często wskazywany jest też specyficzny język kaznodziejski i do tego charakterystyczny księżowski zaśpiew. Skąd się to bierze?

Nie mam pojęcia! Nieraz próbowałem zdiagnozować problem kościelnej nowomowy i księżowskiego diapazonu. Przyznaję – bezskutecznie. Na dodatek przysięgam, że nie spotkałem się z nikim, kto by uczył takiego zachowania w seminarium. Może więc to wynik kopiowania znanych wzorców albo jakaś reakcja na stres związany z wystąpieniami publicznymi?

Inna rzecz, że tą nowomową kościelną można wypełnić dowolne kazanie. Godzinami księża mówią o niczym. Obawiam się, że kryje się za tym głębszy problem, który dotyczy nie tylko ich. Nasze pokolenie odebrało kiepską edukację humanistyczną.

Ludzie w nikłym stopniu uczestniczą w życiu kulturalnym. Maleją nasze kompetencje kulturowe, zmniejsza się zakres używanych przez nas słów. Poza tym zakres ekspresji na ambonie jest ograniczony w porównaniu ze współczesnymi formami komunikowania się – pozostaje tylko słowo i gest, a wszelkie multimedia z ich wielkimi możliwościami odpadają.

Dlatego musimy się doskonalić w krótkich treściwych wypowiedziach, najlepiej takich, które przełamują konwencje, burzą stereotypy. Tymczasem sztuka retoryki i oratorstwa zanika, człowiek nie ma wiele do powiedzenia, nie znajduje słów, nie nasuwają mu się natychmiastowe skojarzenia, bo nie przeczytał zbyt dużo poezji ani literatury pięknej, nie obejrzał największych dzieł artystycznych. Dlatego jestem zwolennikiem uczenia się poezji na pamięć, słuchania radia, czytania książek, zabaw w poszukiwanie porównań. Potem jeszcze trzeba dostosować kod kulturowy do słuchaczy, innego używać dla tych, którzy na Mszę przychodzą o siódmej, innego dla tych o dziesiątej, którzy przychodzą z dziećmi, innego dla młodzieży o dziewiętnastej. Każda z tych grup do tych samych czytań ma inne odniesienia. A ksiądz, głosząc homilię, jest w pracy. Ma być przygotowany. W kaznodziejstwie nazywa się to szyną hermeneutyczną: trzeba sobie wyobrazić odbiorców, do których mówimy. Nie po to, żeby nimi manipulować, tylko po to, żeby działać na rzecz ich zbawienia.

Czym jest dobre kazanie?

Posłużę się krotochwilą proboszcza ze Swarzewa, który mówi: „Świetne kazanie musi mieć trzy elementy: porywający wstęp, jeszcze bardziej porywające zakończenie i jak najmniej pomiędzy nimi". W sytuacjach beznadziejnych można korzystać z innej jego myśli: „Jeżeli twoje kazanie nie ma już żadnych zalet, to niech ma przynajmniej jedną: niech będzie krótkie". Jeżeli ktoś jest w stanie tak ubogimi środkami, jak przekaz słowa z ambony, przykuć uwagę słuchaczy przez dwadzieścia minut, to Bóg z nim. Świetne kazanie to jest przede wszystkim kazanie poprawne teologicznie, wypływające z czytań, z kolei homilia ma za zadanie wprost komentować czytania i komentować rzeczywistość w świetle Pisma Świętego i nauki Kościoła.

W jaki sposób Ksiądz przygotowuje się do głoszenia z ambony?

Nigdy sobie nie piszę gotowca ani nie odgrywam wcześniej kazania. Czytam teksty na niedzielę kilka razy. Chodzę z nimi, jem z nimi, śpię z nimi. Aż mi się wyłoni jakaś struktura myśli. W przypadku poważnego kazania spisuję punkty, których później uczę się na pamięć. Dzięki temu niczego nie przegapię, mogę też zmieniać kolejność, wiedząc, że się nie zatnę. Na przykład pod prysznicem uczę się ważnych elementów niemal na pamięć, by na ambonie czuć się swobodnie.

Atmosfera: Reksio i Międzynarodówka

Czy w seminarium panuje podniosła atmosfera?

Uwielbiałem, kiedy robiliśmy sobie w seminarium jaja. Mieszkaliśmy w tak zwanym kompleksie pocysterskim, w którym było pełno zakamarków, starych mebli, rzeźb, obrazów. Można było się wdrapać nawet na strych katedry. Robiliśmy sobie różne żarty. A to ktoś znajdował w łóżku figurę świętego, a to uderzał głową w gaśnicę wsuniętą pod poduszkę, a to w przypływie idiotyzmu koledze, który niemal nie wychodził z pokoju, zabiliśmy drzwi gwoździmi. Kiedy kolega zorientował się, co jest grane, wołał i pukał, na co inny kolega, dzisiaj zacny proboszcz, odpowiadał: „Jak się wychodzi, to nie trzeba pukać". Jeszcze innemu koledze, który miał nerwicę natręctw i wszystko musiał ustawiać na właściwym miejscu, także pluszowe papucie przy łóżku, któregoś razu przybiliśmy je do podłogi.

Oczywiście ja też byłem przedmiotem żartów. Ze względu na wzrok i sposób, w jaki czytałem, z nosem w książce, zyskałem ksywę „Skaner". Podczas obiadu koledzy niepostrzeżenie wkładali mi do marynarki sztućce i potem krzyczeli, że je kradnę. Marynarka była brązowa – a wszyscy nosili czarne – a do tego pluszowa, brzydka. Dostałem ją od mamy i siostry, które mnie przekonały, że dobrze leży. Któregoś razu, kiedy tak stałem jak malowany ptak, na ogłoszeniach usłyszałem od Tadeusza Semmerlinga, który obecnie jest misjonarzem w Brazylii: „Witamy kolegę w kakaowym dresie". W tym wszystkim była jednak jakaś pozytywna bliskość między nami.

Czy miały miejsce jakieś wydarzenia, które silnie wpłynęły na Księdza w tym czasie?

Zrobiły na mnie wrażenie uroczystości związane z tysiącleciem chrztu Gdańska, głównie dzięki niesamowicie pięknej liturgii chrzcielnej w Bazylice Mariackiej. Podobnie było z obchodami czterdziestolecia seminarium gdańskiego.

W 1999 roku nasze seminarium odwiedził Jan Paweł II. Nie spotkałem go wtedy osobiście, ponieważ ze względu na znajomość języka francuskiego przydzielono mnie do obsługi kardynałów, ale Kościół mi niezbyt ufał i moje „obsługiwanie" skończyło się na myciu kardynalskich toalet z francuską elegancją; nie miałem kontaktu ani z ćwiercią kardynała. Poza tym doszło do żenującej sytuacji. Specjalnie na przyjazd Ojca Świętego w seminarium zbudowano windę. Kiedy papież zjechał nią na parter, otoczyli go seminarzyści, dosłownie się na nim uwieszając, żeby tylko mieć *selfie* z Janem Pawłem II.

Przełomów nadzwyczajnych nie było. Życie seminaryjne jest dość jednostajne, ale w pozytywnym sensie. Cały rok liturgiczny przez pierwsze trzy lata w Oliwie przeżywało się wewnątrz seminarium. Akatyst ku czci Najświętszej Maryi Panny na rozpoczęcie adwentu, potem roraty, które z jednej strony lubiliśmy, a z drugiej strony dokuczało nam przenikliwe zimno krużganków podszytych wiatrem, trzykrotnie obchodzonych ze świecami w ręku i pięknym śpiewem *Rorate caeli desuper*. Przy trzecim okrążeniu wielu z nas marzyło, by znaleźć się z powrotem w ciepłej kaplicy, wtulić w kaloryfer, brewiarz, kolegę i spać, to znaczy medytować oczywiście. Największym śpiochom dla żartu przynosiło się poduszki. Szczególnie pamiętam nabożeństwa Wielkiego Tygodnia, ciemne jutrznie, lamentacje, uroczyste nieszpory w Triduum Sacrum. Rektor pozwalał ubrać się w wielką, starą kapę z katedralnej zakrystii.

Kolega z roku świetnie grał na organach. Otrzymał klucz do katedry. Przekonał przełożonych, że musi ćwiczyć. Miał prawdziwy talent. Lubię muzykę organową, więc chodziłem z nim. Czasem się wygłupialiśmy. Na przykład grał motyw z *Reksia* lub *Międzynarodówkę* zakończone „Amen". Ale przede wszystkim ćwiczył. Jeżeli pan pyta o moment przełomowy, to pamiętam jeden z takich naszych „koncertów". Mikołaj gra, ja kręcę się po katedrze. Klękam przy balaskach przed ołtarzem Najświętszego

Sakramentu i czuję potężną bliskość z Chrystusem. Myślę: dlaczego taki zwykły wtorek – bo to był wtorek – nie może być przełomowym momentem w moim życiu? I w tym momencie odnowiłem w ciszy moje postanowienie bycia księdzem. To mi dodało takich skrzydeł, że jeszcze teraz, po szesnastu latach, tym żyję. Są takie momenty, które Bóg nam daje.

Bóg jest niezwykle pokorny, nie wkracza w nasze życie z fanfarami, ale raczej dotyka nas choćby w zwykłym pokropieniu wodą święconą, zbliża się do nas w zwykłym kawałku chleba, który – jak wierzymy – przemienia się w Jego Ciało, przenika nas w postaci zwyczajnej kropli wina. I wszystko to dzieje się w jakiś wtorek.

Oczywiście, sceptyk, czyli ja też, powiedziałby, że natchnęła mnie wówczas muzyka, a nie Bóg. Ale może to Bóg posłużył się tą muzyką?

Międzynarodówką?

Kto wie, w końcu Bóg ma spore poczucie humoru.

Nic Księdza nie zrażało do życia w seminarium?

Niektórzy koledzy pakowali się i zawracali, ja nigdy nie chciałem zrezygnować z seminarium. Raczej odliczałem miesiące do święceń, wyznaczałem sobie kolejne cele na tej drodze i ich osiąganie dawało mi dużo radości: obłóczyny, posługa, pierwsze występy publiczne, czyli święcenie jajek w mojej parafii.

Mieliśmy liczne kontakty z chorymi i niepełnosprawnymi. Po pierwszym roku pracowałem przez miesiąc w szpitalu na oddziale chirurgii, pełniąc obowiązki z pogranicza zadań salowego i pielęgniarza. Tam byłem pierwszy raz przy zgonie kobiety.

Miała na imię Jola, o ile dobrze pamiętam. Wychudzona, wyniszczona, pokonał ją nowotwór. W następnych latach jeździłem jako opiekun na dwu-, trzytygodniowe obozy z niepełnosprawnymi. Większość z nich opuszczała swoje domy tylko na ten czas. Dlatego można im było pozwolić i na piwo, i na dyskoteki. Na prawdziwe życie, na miłości, zdrady, wściekłość. Wspaniale było patrzeć, jak ludzie przez cały rok zamknięci w domach odzyskują godność. Kąpać się z niepełnosprawnymi. Do dziś pamiętam kurczowy uścisk sparaliżowanego chłopaka, z którym pływałem w jeziorze. Ludzie w kąpielisku byli oburzeni. Jak można tak męczyć kaleki? Dziś wiem, jakie to ważne, kiedy w lecie wolontariusze z puckiego hospicjum, nie wstydząc się mnie, dosłownie pławią się ze mną w czasie przerw między żebraczymi kazaniami w jakimś nadmorskim kurorcie. Później pomagałem mojemu profesorowi od liturgiki: co tydzień jako akolita chodziłem z Komunią Świętą do domu opieki społecznej, w którym on wciąż jest kapelanem.

Czy w seminarium wydarzyło się coś, co zapamiętał Ksiądz jako złe?

Jedna sytuacja była dla mnie trudna. Wydawałem gazetkę seminaryjną, którą sprzedawaliśmy w parafiach. Pewnego razu zostałem okradziony. Okazało się, że złodziejem był kolega z pokoju naprzeciwko. Ponieważ się wypierał, obawiałem się, czy go przypadkiem niesłusznie nie oskarżam. Na szczęście później wyszły na jaw niezbite dowody i nie pamiętam, czy sam zrezygnował, czy go wyrzucono. O kilku kolegach wiem, że chodzili na spacery z dziewczynami, kilku wyleciało, ponieważ okazali się czynnymi homoseksualistami.

Ale nie spotkałem w seminarium aberracji. Może dlatego, że było ono stosunkowo małe i, o dziwo, niezbyt zhierarchizowane. W tym samym czasie różne rzeczy słyszeliśmy o sąsiednich placówkach. Podobno w seminarium pelplińskim, które uchodziło za seminarium z wielkimi tradycjami, był wówczas rodzaj „fali": klerycy pierwszego roku musieli mówić do diakonów „proszę księdza", przepuszczać ich w drzwiach itp. Inne trudne doświadczenia z czasem wyblakły.

Można zaobserwować, że już młodzi księża dążą niekiedy do wygodnego modelu życia. Marzą tylko o tym, by zostać wikarym na plebanii, mieć święty spokój i materialną stabilność. Czy takie postawy nie rodzą się właśnie w seminarium, gdzie młodemu mężczyźnie sprawy codziennej egzystencji stają się obce, a wszystko jest podsuwane pod nos?

Uważam, że to zmienna osobnicza. Są księża, którym lepiej nie przerywać popołudniowej drzemki, są parafie, w których w kancelarii załatwić nie da się niczego. Pracowałem na parafii przez dziesięć lat. Wiem, że kultura w obyciu księdza jest konieczna. Wyrzucanie kogoś za drzwi, bo przyszedł poza godzinami urzędowania, to najczęściej bezmyślność. Dlaczego człowiek przychodzi na przykład w sobotę? Bo od poniedziałku do piątku cały dzień jest w pracy, potem zajmuje się dziećmi, po prostu nie jest w stanie wcisnąć szpilki w dzień powszedni. Jedni księża spuszczają taką osobę po brzytwie, inni, ja też się tak starałem robić, wychodzą im naprzeciw. Może dlatego już po czterech latach kapłaństwa otrzymałem swoją pierwszą nagrodę Człowiek Ziemi Puckiej roku 2006. Zyskałem sobie przez ten czas dobrą opinię jako spowiednik, mimo że byłem wymagający, nieraz człowieka przetrzymałem w konfesjonale, ale wszystkich, zwłaszcza młodych, traktowałem z należytą powagą. Dużo pytałem, tłumacząc zawsze dlaczego. Dosyć szybko zacząłem mieć najdłuższe kolejki do konfesjonału. Jeśli chodzi o spowiedź przygotowujących się do bierzmowania, chciałem ich nauczyć, by wykorzystali tę okazję comiesięcznej kartkowej spowiedzi do jej pogłębienia. Zwłaszcza żeby dbali o to, by w okresie dojrzewania nie stała się spowiedzią świętokradzką. Tłumaczyłem i tłumaczę: w konfesjonale zawsze możecie pytać, dyskutować, nie zgadzać się nawet, ale najważniejsze jest to, by bez strachu móc powiedzieć wszystkie grzechy. Inaczej wasza spowiedź stanie się dziecinnym wierszykiem typu: „Jestem chłopcem. Mam lat x", poczujecie, że jest za małym ubrankiem od Pierwszej Komunii, z którego dawno wyrośliście, i że chcecie ją jak najszybciej porzucić, jako sztuczną i bezsensowną.

Jeśli nie kultura i nie etyka, to niech chociaż pragmatyka przekona księży do tego, że zawsze trzeba być przyzwoitym. Uprzejmość wobec drugiego człowieka popłaca. Potraktowanie kogoś po chamsku odbija się czkawką. Idziesz później chociażby do urzędu i masz do czynienia z osobą, do której źle się odnosiłeś, no i nie masz co liczyć na jej pomoc i przychylność. A zachowaj się porządnie, to ta sama osoba będzie ci potem pomagać. Może warto byłoby stworzyć nawet takie certyfikaty: „Ksiądz przyjazny człowiekowi"? Mówię to z prawdziwym bólem. Czasem wystarczy być zwyczajnie kulturalnym, żeby być gwiazdą duszpasterstwa. Nieraz brakuje zwykłej kultury i ludzie wchodzą do zakrystii na miękkich nogach, niepewni, czy książę pan tylko ofuknie, czy pogoni kijem. Ludzki pan, a mógł zabić.

Czy w czasie pobytu w seminarium miał Ksiądz jakieś marzenia związane z konkretnym realizowaniem swojego powołania?

Chciałem być księdzem i tyle. Dopiero z czasem pojawiła się myśl, że może zostałbym kapelanem w szpitalu. Chociaż planowałem trafić do innej placówki, ostatecznie – opatrznościowo – zostałem kapelanem w Pucku. Początkowo byłem załamany. Nasza diecezja jest diecezją miejską, a zostałem oddelegowany czterdzieści kilometrów od aglomeracji, do obcego mi środowiska. Ale szybko rzuciłem się w wir pracy.

Zanim do tego doszło, musiał Ksiądz jeszcze przejść przez kolejne etapy w seminarium. I tu zaczęły się pojawiać problemy...

Zawsze byłem trochę inny niż wszyscy. Dużo gadałem, pewnie zbyt dużo.

A w seminarium można było otwarcie dyskutować?

Tak, jeśli zachowywało się minimum instynktu samozachowawczego.

Co to znaczy?

Jeśli nie było się wywrotowcem, to tak. Więc to, że mnie z tego seminarium nie wyrzucono, jest pośrednim dowodem na istnienie Pana Boga.

Za co miałby zostać Ksiądz wyrzucony?

Za niewyparzoną gębę.

Tylko tyle?

Ludzi irytowało, że dużo gadam, a jak gadam, to nazywam rzeczy po imieniu. Innym było nie po drodze z tym, że czytam codziennie „Wyborczą" i co wieczór oglądam „Fakty".

A poza tym – wzrok. Moje problemy okulistyczne były świetnym pretekstem, żeby mi od czasu do czasu przyłożyć. Pamiętam starego profesora, który drwił ze mnie, czy w ogóle jestem w stanie czytać, i właściwie to egzaminował mnie z odczytywania tekstu na głos...

Ale pamiętam też zabawne sytuacje z tym związane. Siedziałem na furcie i czytałem. Czytałem, dosłownie leżąc na biurku i skanując tekst. Wszedł arcybiskup Gocłowski. „Janie, śpisz?". „Nie, czytam". Poszedł. Wracając, zatrzymał się u mnie w dyżurce. „Janie, boimy się o twój wzrok: czy będziesz w stanie czytać przy ołtarzu. Przeczytaj mi coś". Wyciągnąłem rękę przed siebie, odczytałem tekst. Świadom, że teraz ważą się moje losy. Arcybiskup postąpił z klasą. „Janie, przepraszam, że tak dziwnie zareagowałem. Nie dziw się, proszę, biskupowi, że mógł mieć tego typu obiekcje".

Czułem już wcześniej, że atmosfera wokół mnie gęstnieje. Zwykle w seminariach o wątpliwościach przełożonych nie mówi się klerykom wprost. Najczęściej o uznaniu, bądź jego braku, kleryk dowiaduje się z decyzji, na przykład tej, czy został dopuszczony do obłóczyn.

Ponieważ odczułem tę gęstniejącą atmosferę i tak zwane głosy, które słychać, wybrałem się do księdza Wypycha. „Księże rektorze, niektórzy księża profesorowie mają wątpliwości co do mojego wzroku. Zapewniam księdza, że jestem na tyle odpowiedzialnym facetem, że jeżeli na pewnym etapie uznam, że wzrok będzie mi uniemożliwiał wykonanie posługi, to w poczuciu odpowiedzialności za Kościół – sam zrezygnuję". Chyba go to ujęło, bo powiedział: „Jan, jak cię za wzrok nie usuniemy do końca trzeciego roku, to wywalę cię za wszystko inne, ale na pewno nie za wzrok". Ale rektora zmieniono po moim drugim roku i przeprawy zaczęły się na nowo.

Czy jednak ostatecznie do każdego z etapów formacji został Ksiądz dopuszczony w zakładanych terminach?

Tak, chociaż, o czym już wspominałem, zdenerwowała mnie sytuacja przed samymi święceniami.

Nagle atmosfera znów się zagęściła. Trzymano mnie w niepewności. Z rady profesorskiej poszedł przeciek, że głosy w mojej sprawie są podzielone. Niektórzy z księży byli przeciwni. Na radzie obecny był ksiądz profesor Perszon, który mnie nie znał, ponieważ przebywał poza seminarium, pisząc habilitację. Ale zapytał siedzącego obok księdza Jerzego Kownackiego: „Czy ty znasz tego Kaczkowskiego?". A ksiądz Kownacki na to: „Kaczka jest w porządku. Święcić". Zrobił się rumor. Wrzawę uciszył arcybiskup, prosząc o opinię księdza Perszona, na co ten zadał publicznie pytanie: „A pieniądze widzi?". Wszyscy odpowiedzieli: „Widzi!". „To święcić". I tak atmosfera się rozluźniła, a ja zostałem dopuszczony do kapłaństwa. Wciąż się śmieję, że wyświęcono mnie dla żartu. W każdym razie „w nagrodę" dostał mnie potem tenże ksiądz Perszon na wikariusza w Pucku.

Święcenia: Nie pamiętam

Czy przed otrzymaniem święceń kapłańskich miał Ksiądz jakieś doświadczenia duszpasterskie?

Jako diakon byłem w Gdańsku na ulicy Łąkowej u bardzo przyzwoitego księdza proboszcza Wojciecha Michalaka, który traktował mnie naprawdę poważnie. Diakonat w ogóle świetnie wspominam, bo wtedy też byłem pomocniczym kapelanem w szpitalu. W czwartek wyjeżdżaliśmy z seminarium po wykładach i już wieczorem byliśmy na parafiach. Potem piątek, sobota, niedziela i w poniedziałek wieczorem wracaliśmy do seminarium. Braliśmy udział w głoszeniu kazań, prowadzeniu pogrzebów, wolno mi było dyżurować w kancelarii. Koledzy, którzy uczyli w szkole, robili to jeszcze w piątki i poniedziałki.

Praktyka diakońska po codzienności seminarium była jak świeże powietrze. Za pierwszym razem przyszedłem do proboszcza i pytam: „Księże proboszczu, czy mogę wyjść?". Tak jak należało to zrobić w seminarium. Proboszcz spojrzał na mnie specyficznie: „Proszę księdza, a ma ksiądz dowód osobisty?". „Mam". „To tu są klucze". To była zupełnie normalna relacja, tymczasem spotykam się z młodymi księżmi, którzy są kontrolowani przez swoich proboszczów, czego nie rozumiem, a nawet mają zamykane wejście na plebanię po godzinie dwudziestej drugiej. Albo traktujemy się poważnie, albo to jest jakaś dziwna zabawa.

Wtedy też miałem ciekawą sytuację z pogrzebem. Pogrzeb przyjąłem na piętnastą w czwartek, tymczasem już przed czternastą zadzwonił do mnie proboszcz, że ludzie przyszli i czekają na pochówek, który podobno miał być godzinę wcześniej, niż ustaliliśmy. Zaniepokojony – mogłem się przecież pomylić – w te pędy taksówką dotarłem na Łostowice, ogromną gdańską nekropolię, gdzie pogrzeby są co dwadzieścia minut, a tam już trwa afera. Okazało się, że w rodzinie jest jakiś konflikt i jedni chcieli wykiwać drugich, zmieniając godzinę. Ale zanim się dostałem na miejsce, zanim wszystko się wyjaśniło, zrobiła się piętnasta i na cmentarzu pojawiła się druga część rodziny. Wywiązała się regularna bitwa. Ruszamy. Mówię grabarzom, że mimo zamieszania z czasem nie mogę odpuścić kazania, i przemawiam nad grobem, krótko, byle stamtąd uciec, bo część żałobników była pijana, inni z chętką do bójki, do tego siąpi deszcz ze śniegiem, pogoda wstrętna. Znany fragment Ewangelii, czytany na pogrzebach (J 14): „Jezus powiedział do swoich uczniów: «Wierzycie w Boga?»". Podpity tłumek: „Taaaak!". Ja na to, kontynuując tekst Ewangelii, który w tym kontekście brzmi głupio, mówię: „I we mnie wierzcie". Dalej: „W domu mego Ojca jest mieszkań wiele". Później w ramach zachęty duszpasterskiej próbuję grzmieć: „Niech ten grób będzie dla was grobem pojednania!". Pamiętam bezzębną, zniszczoną alkoholem kobietę, która zaczęła wrzeszczeć: „Słyszysz, suko, co ksiądz mówi?!", próbując ręcznie wytłumaczyć jakiejś podobnie zacnej niewieście ideę miłości chrześcijańskiej i przebaczenia. A na koniec żałobnicy i tak się prawie pobili. Wróciłem na plebanię mocno podenerwowany, a proboszcz tylko na to: „No to poznaje ksiądz specyfikę parafii".

Potem przyszedł już czas na święcenia, skoro pieniądze Ksiądz widział.

Swoich święceń nie pamiętam wcale. Byłem aż tak zestresowany. Pamiętam dopiero kawę tuż przed i modlitwę brewiarzową z naszym liturgistą, który zadbał, żebyśmy jej nie przeoczyli. Było nas jedenastu, a gdy zaczynaliśmy – dwudziestu czterech.

Nie lubię poezji księdza Jana Twardowskiego, ale jeden wierszyk pamiętam: „W niedzielny poranek mych święceń, dla innych pewnie zwyczajny, coś jednak budzi się we mnie, jakiś duch nadzwyczajny. Jak inni jadę tramwajem, jak inni biegnę ulicą i nadziwić się nie mogę duszy mej tajemnicy". Wymyśliłem, że na swoje święcenia przyjadę tramwajem. Szykowałem się do nich. Kiedy kilka dni wcześniej kupowałem buty, sprzedawczyni dopytywała, czy to na ślub. Powiedziałem: „Blisko". Nie mogła zgadnąć, więc jej zdradziłem, że na święcenia kapłańskie. Widziałem, że ją to poruszyło.

W każdym razie gdy już mogliśmy wstać z posadzki, na której było tyle kurzu, że moja jedyna myśl w głowie kręciła się wokół alergii brata, gdy już się okazało, że żadnemu z nas dziewczyna nie położyła na plecach czerwonej róży, za co podobno dawniej delikwenta ściągano automatycznie – to czekaliśmy na dekrety. Spodziewałem się, na podstawie przecieków, że pójdę do Pucka.

Po wszystkim, jeszcze w katedrze, złapał mnie mój młodszy kolega z seminarium i poprosił o spowiedź, tu i teraz. Był moim pierwszym penitentem. Mam nadzieję, że na tym skorzystał, gdyż już od roku modliłem się za swojego pierwszego penitenta, o czym nie mógł wiedzieć – otrzymał sakrament i moją modlitwę w pakiecie.

Ponieważ jest taki zwyczaj, że po święceniach neoprezbiter nie śpi u siebie w domu, tylko na plebanii, a moja sopocka plebania była za mała, żeby mnie pomieścić, to poprosiłem o nocleg księdza Majkowskiego ze Swarzewa, u którego byłem na praktyce akolickiej. Z właściwą sobie szczerością ten wierzący, niezwykle prawy ksiądz, który nie znosi tytułomanii, śmieje się z własnej prałatury, a lubi jedynie, kiedy go nazywają kustoszem, zapytał z kaszubska: „Jankłe, chcesz te piwko czy sznapsika?". Ja na to: „Może piwko". Ksiądz Stanisław: „Nie bój się, nie bój. Choćkaj, choćkaj. Nie upiję cię". I nalał sznapsika. (Kaszubski to bodaj jedyny język, który zdrabnia czasowniki, jeśli Kaszub chce być uprzejmy). Sporo się od niego nauczyłem. Darzę go wielkim szacunkiem.

A czy zapamiętał Ksiądz swoją Mszę prymicyjną?

Prymicje pamiętam doskonale, w każdym szczególe. Odbyły się w Sopocie w kościele św. Jerzego. To był środek wakacji, ulice pełne miejskich grajków i turystów. Szedłem zwyczajowo w procesji, ale nie z domu, lecz z plebanii. Odprawiałem w asyście manduktora (manduktor to dosłownie „ten, który prowadzi rękę przy pierwszej Mszy"), mojego proboszcza – księdza komandora Zbigniewa Rećki. To kapłan wysoki, postawny, o mocnym głosie, niezachwianej wierze, który – jak to wojskowy – potrafi przekląć, do tego głosi dobre kazania i nie oszczędza się w pracy. Było też dwóch diakonów, jeden z nich już odszedł z kapłaństwa. Poprosiłem, żeby nie otaczać mnie wieńcem, w którym zwykle prowadzi się neoprezbitera, bo taka ze mnie dziewica jak baletnica. Gdybym wszedł w ów dziewiczy wieniec, z pewnością by z sykiem spłonął. Zastąpiono więc go dziewczynkami z kwiatami. Dzwoniły dzwony. Część moich znajomych, bliższych i ciut dalszych, została zaproszona na plebanię. Tam proboszcz bardzo elegancko postawił kawę i ciasteczka. Ubrano mnie publicznie do Mszy Świętej. Na początku ceremoniarz, kolega, który księdzem nie został, ale założył rodzinę, porządny człowiek, wyrzucił mnie na górę, żebym się skupił. Wszystko było przygotowane: tradycyjnie – aspersja na akt pokuty, części stałe po łacinie, Kanon rzymski, Prefacja trzydziesta dziewiąta. Pamiętam, że w tym upale ubrałem się w humerał, albę, cingulum, stułę, ornat. Potem przed plebanią nastąpiło błogosławieństwo rodziców. Widziałem, że byli wzruszeni. Choć ojciec kpił, jak to on, że nie będzie żadnej imprezy, tylko pójdziemy do McDonalda naprzeciwko.

Wchodzę do ciemnego kościoła, trochę wilgotnego, ktoś dzwoni na wejście, a tam, widzę, pełno ludzi. Wszystkie twarze są rozjarzone i wszystkie znajome. Chór parafialny zaśpiewał pieśń z opery *Nabucco*, przy której akompaniamencie podszedłem do ołtarza. Często w moim kościele parafialnym klękałem przy bocznym ołtarzu św. Barbary. Jeszcze przed seminarium, gdy myślałem o byciu księdzem, potem w seminarium. Marzyłem o dniu, kiedy będę mógł położyć ręce na głównym ołtarzu i go ucałować. Tylko wtedy się wzruszyłem, bo poza tym byłem opanowany. Miałem w sobie jakiś spokój. Kazanie wygłosił ksiądz Kownacki, mój przyjaciel, któremu służyłem w domu pomocy społecznej, ten sam, który mnie wybronił na radzie profesorskiej. Pamiętam główne założenia tego kazania, w którym nawiązał do mojej manii chodzenia w sutannie. Mówił: „Jesteśmy w centrum kurortu, na Monte Cassino. Słychać zgiełk przewalającego się tłumu, który pozornie nie myśli o Panu Bogu i Bożych sprawach. W tym wszystkim widzę młodego kleryka, który przez lata idzie pod prąd w dwójnasób. Fizycznie i duchowo. Tym pokazał, że we współczesnym świecie można pójść pod prąd i być czytelnym znakiem". Może właśnie to powinienem powiedzieć tym młodym, którzy rozeznają powołanie, o których mnie pan wcześniej pytał? Nie ma co się bać pójścia pod prąd, nawet jeśli to będzie meganiemodne, także w samym Kościele.

KAPŁAŃSTWO

albo emanacja Panem Bogiem

czyli o ograch i foce, duchownych i wydmuszkach,
a także o trudnościach w zaufaniu Panu Bogu i o tym,
że nie można być zakładnikiem własnych grzechów

Prymicje. Sopot, 2002 r. – fot. z archiwum Autora

Wikary: Zawsze w wypastowanych butach

Po święceniach kapłańskich został Ksiądz wikarym.

Ale bez prawa uczenia w szkole. Od razu zostałem zatrudniony w domu pomocy społecznej, na ćwierć etatu, i w szpitalu, też na ćwierć etatu. A do tego pełniłem wszelkie możliwe obowiązki parafialne: Msze, pogrzeby, kancelaria.

Które obowiązki przypadły Księdzu do gustu bardziej?

Najbardziej zapadają w człowieka pierwsze wrażenia. Do Pucka przywiozła mnie samochodem mama. Wjechaliśmy na rynek, gdzie oczywiście był zakaz ruchu. Szukaliśmy fary. Łatwo ją dostrzec, bo góruje nad miastem, jednak dotarcie bez GPS-u (rok 2002) to już kłopot. W centrum uliczki jednokierunkowe. Kiedy wreszcie znajduję kościół i plebanię, to proboszcz, Kaszub z krwi i kości, przyjmuje mnie obcesowo. Nie wstaje, nie podaje ręki mojej mamie. Po pewnym czasie bardzo się polubiliśmy i tak jest do dziś. Podobnie wyglądała moja relacja ze starszym organistą: od utarczek do sympatii.

Często podejście Kaszubów do nie-Kaszubów, czyli tak zwanych bosych Antków, jest, mówiąc eufemistycznie, mało serdeczne. Zostałem wezwany na parafię, choć formalnie przysługiwały mi jeszcze dwa tygodnie urlopu. Proboszcz jednak chciał, żebym był obecny na odpuście, który przypadał 28 czerwca.

Na początku odczuwałem, że jestem w oczach proboszcza skreślony. Że myśli o mnie jako o niepełnosprawnym księdzu zapchajdziurze. Mieszkanie, które otrzymałem, było depresyjne. Na niskim parterze, ciemne, z przechodnią łazienką. „Jak się umyjesz, to otwórz te drzwi, żeby ludzie też mogli korzystać z łazienki, a od swojej strony zamknij" – okazało się, że ta sama łazienka służy osobom korzystającym z biura parafialnego. Pomieszczenia pamiętały późnego Gierka, od lat nie były odświeżane. Kiedy przestawiłem kanapę, okazało się, że w poprzednim położeniu jej głównym zadaniem było ukrywanie dziury w dywanie. Przez ściany wszystko było słychać, a sam budynek sprawiał wrażenie wykonanego z kartonu.

A jak czuł się Ksiądz w nowym mieście?

W pierwszym dniu poszedłem do warzywniaka, który dziś już nie istnieje. Z kołowrotka na reklamówki urwałem siatkę, naładowałem do niej owoców, a płacąc, o coś zagadnąłem sprzedawczynię. „Pan to chyba nie jest z Pucka?". „Teraz już jestem". „A ja pana nie znam". „Zapewniam panią, że mnie pani pozna. A skąd pani wie, że nie jestem z Pucka?". „Bo u nas ludzie pytają, czy mogą zerwać siatkę". Zawsze lubiłem łamać konwencje.

Przebicie się przez tę pucką niedostępność było wyzwaniem. W mieście nie znałem nikogo. Nie pozostało mi nic innego, jak z zapałem przystąpić do pracy. W końcu serce miałem pełne ideałów i szorstkie przyjęcie nie mogło mnie zrazić. Starałem się jak najlepiej wykonywać swoje codzienne zadania.

Najbardziej angażował mnie szpital. Wtedy jeszcze nie było w nim kaplicy, Mszę odprawiało się ni to w sali, ni to w świetlicy, w lekko urągających Eucharystii warunkach. Eucharystię sprawowałem tam w niedzielę, a każdego dnia roznosiłem Komunię. W domu pomocy społecznej, dokąd chodziłem dwa razy w tygodniu odprawiać Mszę i roznosić Komunię, kaplica była już jaka taka.

Szpital i dom pomocy społecznej to miejsca przesycone ludzkimi dramatami. Czy taka praca nie była dla świeżo wyświęconego księdza zbyt dużym wyzwaniem?

Proszę pamiętać, że ja akurat byłem do niej przygotowany dzięki praktykom w seminarium. Znalazłem w tym radość. Znalazłem satysfakcję sprawdzenia się w ekstremalnych warunkach. Bycie przy ludziach, którzy mogą umrzeć, niekiedy umierają, nie jest standardową pracą. Mój kolega, nieżyjący już ksiądz Piotr Mazur, nie lubił tej pracy. W nocy błogosławił szpital, żeby nie musiał być do niego wzywany. Piotr był świetnym księdzem, człowiekiem prawdziwej wiary, to jedyny charyzmatyk, z którym byłem w stanie się porozumieć – ale szpital go przytłaczał. Tymczasem ja czerpałem z pracy kapelana radość.

Jednocześnie sporo mojej pracy duszpasterskiej koncentrowało się wokół pogrzebów. W Pucku mają one dosyć rozbudowaną formę. Liturgia, przemarsze, śpiewy. Do tego spowiedź. Zdarzało się, że do sakramentu pokuty przed pogrzebem przystępowało nawet sześćdziesiąt osób. Większości z nich po krótkiej spowiedzi mogłem za pokutę nakazać przyjęcie Komunii Świętej w intencji zmarłego, ale na końcu kolejki zwykle stali ludzie, którzy do spowiedzi przystępowali po latach. Trzeba było z nimi odpowiednio postępować, a jednocześnie uważać na czas, jaki dla nich miałem. Jeden pogrzeb zajmował około dwóch godzin, czasem dwie i pół godziny. Zdarzało się, że prowadziłem je nawet trzy w ciągu dnia. Byłem potem naprawdę wykończony. Zwłaszcza jeśli rano odprawiałem Mszę o szóstej trzydzieści, a kwadrans wcześniej siedziałem w konfesjonale, czego proboszcz – sam w tym względzie skrupulatny – niezwykle pilnował.

Ksiądz Jerzy Kownacki, który próbował uczyć nas w seminarium liturgiki, powtarzał: „Gdy prowadzisz pogrzeb, to rób to tak, jakbyś chował własną matkę. Pamiętaj, że to będzie zapamiętane na lata. Dbaj o to, abyś miał wypastowane buty". Ja każdy z tych pogrzebów prowadziłem z największym pietyzmem. Byłem potwornie zdziwiony, że nikt nie przychodzi mi podziękować, jak to się często zdarzało za diakońskich czasów na Łąkowej. Tam sednem parafii był żywioł przesiedlony z Wilna. Otwarte, wylewne, wschodnie dusze. Dopiero później zrozumiałem, że kiedy Kaszubi nic nie mówią albo tylko pomrukują – w każdym razie nie krytykują – to jest to równoznaczne z najwyższym uznaniem. I tak powoli uczyłem się Kaszubów. Wreszcie ich pokochałem. Mimo to wiem, że wśród nich zawsze będę przybyszem z innej planety.

Czy kiedy przyjął Ksiądz rolę wikarego, niewyparzony język przestał być źródłem Księdza problemów?

Dopiero po roku doszło do eskalacji mojego konfliktu z proboszczem. Nie godziłem się na skandaliczne warunki, w jakich przyszło mi mieszkać. Kiedy wreszcie uzyskałem zgodę na przeprowadzenie się do mieszkania naprzeciwko, które przez cały ten czas stało puste, jasnego, z widokiem na zatokę, odżyłem, a spór z proboszczem zelżał. W drugim roku kapłaństwa pozwolił mi nawet na podjęcie zaocznych studiów z teologii moralnej na Uniwersytecie Warmińsko-Mazurskim, zwanym pieszczotliwie szuwarowo-bagiennym. Oczywiście za cenę dnia wolnego. Chciałem się uczyć, cieszyło mnie to. Na wydziale teologicznym przygotowywałem licencjat kościelny, który jest stopniem pośrednim między magisterium a doktoratem. Oczywiście nie miałbym możliwości kontynuowania nauki, gdyby nie mój kolega, który poszedł za mnie do domu pomocy społecznej, a ja przejąłem jego katechezę prowadzoną w tak zwanym Oksfordzie, czyli mieszance zawodówki i technikum.

To dopiero wyzwanie duszpasterskie.

Było i ciężko, i zabawnie. Wiem, że już przy pierwszym kontakcie tracę w oczach młodzieży. Kulawy, ślepy, do tego ksiądz. Więc jak tu zrobić mocne wejście i narzucić własne reguły? Było mi nawet trudno sprawdzić porządnie listę obecności, stale przekręcałem nazwiska. Na szczęście później „siłom i godnościom osobistom" – jak mówią w jednym z kabaretów – odrabiałem te straty. Oczywiście wygłupiałem się. „Czemu mówisz do mnie na fokę?" – pytałem moich uczniów, kiedy charakterystycznym tonem głosu, typowym dla chłopaków łysych, w dresach i o dużej szyi, zacinając się, mówili: „Proszę księdza, yyyyy, eeeee, yyyy... Ale, ale... My mamy na wszystko wyjaś... yyyy... eeee... yyyy...". Wtedy, naśladując ich sposób mówienia, udawałem fokę, mówiąc: „Oooł, ooołłł, ołłłł. Czemu mówisz do mnie na fokę?". Nazywałem ich pieszczotliwie „ogrami". Czasem zapominali, że są ogrami, i odsłaniali jakiś rąbek inteligencji, ale jak się to któremuś zdarzyło, był tym faktem tak zawstydzony, że czym prędzej musiał się zogrzyć i palnąć coś głupiego.

Prowadzenie katechezy było w sumie trudne: realizacja programu, utrzymanie klasy w ryzach.

To był czas, w którym wydarzyła się głośna afera w jednej ze szkół, gdy uczniowie włożyli nauczycielowi na głowę kosz na śmieci. Czułem, że jedna z moich lekcji coraz bardziej się rwie. Musiałem zrobić coś spektakularnego. Wziąłem z kąta klasy śmietnik, ostentacyjnie wysypałem z niego śmieci na środek klasy, żeby przełamać konwencję i skupić uwagę grupy, kosz trzasnąłem na ławkę przed największego, inteligentnego ogra: „I co, włóż mi kosz na głowę!". Miałem oczywiście plan, co zrobić, gdyby się na to zdecydował: postać dosłownie chwilę jak idiota z koszem na głowie, zdjąć go teatralnym gestem i zapytać obniżonym głosem: „Jesteś szczęśliwy, że poniżyłeś ślepego księdza?". Na szczęście do tego nie doszło, a wspomniany ogr został moim największym przyjacielem spośród uczniów. Dziś nawet do mnie dzwonił. Wyrósł na porządnego chłopa. Nie diluje już dragami.

Przywołałem skrajny przykład. Bywały jednak pozytywne przebłyski. Zdarzyło mi się od uczniów usłyszeć: „Ale ksiądz ma czachę". Zdarzyło mi się też, że po prostu słuchali. Kiedy napięcie rosło, stopniowałem okazywanie im swoich nerwów. Kiedy atmosfera gęstniała, pytałem, czy pamiętają, dlaczego uczę ich religii tak porządnie: „Bo ja was szanuję. Wszyscy mają was w nosie, uważają was za ogrów, a ja przeprowadzę tę lekcję, choćbyście na głowie stanęli, choćbyście się zesrali". Nawet kiedy udawałem, że zaraz wyjdę, trzymając wręcz rękę na klamce, tłumaczyłem im: „Nie, nie wyjdę, poprowadzę tę lekcję, udowodnię wam, że mi na was zależy". To powoli przynosiło efekty.

Czy wśród swoich doświadczeń duszpasterskich jako wikary miał Ksiądz jeszcze jakieś doświadczenia w pracy z wiernymi?

W pierwszym roku kapłaństwa prowadziłem dzieci do Pierwszej Komunii. Niektórzy z nich, spotkani na ulicy, jeszcze o tym pamiętają. Z pewnością popełniłem wtedy błędy, ale też, mam nadzieję, udało mi się zrobić coś dobrego. Było to dla mnie bardzo ważne doświadczenie, włożyłem w nie niezwykle dużo wysiłku. Unikałem prowadzenia musztry komunijnej, do której czasem mają predyspozycje zakonnice czy świeckie katechetki. Chciałem, żeby dzieci miały szansę odczuć to, co mi było dane, kiedy po raz pierwszy przystępowałem do Eucharystii.

Innym doświadczeniem było prowadzenie grupy ministrantów, z którą spotykałem się kilka razy w miesiącu. To specyficzne zadanie. Z chłopcami w wieku pokomunijnym, a przed bierzmowaniem niezbyt wiadomo, co robić od strony ich formacji, więc gdy mają od dziewięciu do piętnastu lat, zaciąga się ich do ministrantury. Wtedy, i potem zresztą też, jest problem, bo z kolei w takich przedziałach wiekowych wszelkie grupy religijne są zdominowane przez dziewczęta, a chłopcy wolą się zajmować walkami o boisko czy teren na osiedlu.

To może należałoby powszechnie dopuszczać do ministrantury, co gdzieniegdzie ma miejsce, również dziewczęta?

Jestem przeciwnikiem tego pomysłu, ponieważ widzę wyraźnie, że chłopcy i dziewczęta w tym wieku żyją i chcą żyć oddzielnie. Chłopcy szukają przy ołtarzu poczucia elitarności. Obserwuję, że tam gdzie dziewczęta zostały dopuszczone do ministrantury, przez swoją staranność i sumienność wyparły chłopców. Kiedy namawiałem do tego chłopców we Francji, ci prychali, mówiąc, że to „babskie zajęcie". A jak zachwycić chłopca kapłaństwem, jeżeli cała posługa liturgiczna jest żeńska?

Udało się Księdzu tak zachwycić któregoś z ministrantów?

W pewnym momencie zacząłem odprawiać specjalnie dla nich Msze, w których mieli nie służyć, lecz po prostu uczestniczyć. Zrobiłem jednak pewien błąd. Zabrakło mi siły do tego, żeby zrobić porządek w grupie. Powinienem był usunąć z niej chłopców, którzy ją rozbijali od środka. Tymczasem wydawało mi się, że każdemu z nich jestem w stanie wytłumaczyć, o co tu chodzi. To była nieprawda. Na szczęście mój następca miał tę odwagę i wprowadził rygor. Część z małych zbójów się podciągnęła, inni odpadli, powstała bardzo zgrana grupa.

Wierzący ksiądz: Prawda i ułuda

Mówiąc o niektórych kapłanach, tych dobrze zapamiętanych, używa Ksiądz sformułowania „wierzący ksiądz". Czy to znaczy, że są księża niewierzący?

Myślę, że są niewierzący księża. Poza tym spotkałem w swoim życiu niejednego łajdaka w sutannie. Ale ciekawe jest to, że nigdy nie spotkałem księdza, który by złamał tajemnicę spowiedzi. Pewnie dlatego, że sami też się spowiadają. Chociaż podobno są też tacy, którzy nie robią tego latami.

Kim jest wierzący ksiądz?

Ten zwrot należy rozumieć zupełnie wprost. Wierzący ksiądz to ten, który żyje zgodnie z tym, co wyznaje i co głosi. To ten, który próbuje być prostolinijny w życiu i praktyce. To ksiądz, od którego bije duchowość, niewymuszona, niesztuczna, niecukierkowa. Wierzący ksiądz, pomimo własnych słabości, emanuje Panem Bogiem.

Benedykt XVI podczas pielgrzymki do Polski zwrócił uwagę nam, kapłanom, że mamy być ekspertami od Pana Boga, a nie od budowy świątyń i uprawiania polityki. Duchowni mają być osobami duchowymi w najgłębszym rozumieniu tego sformułowania: mają być przeniknięci Duchem Świętym. A czy jest to możliwe, kiedy ksiądz unika modlitwy? Taki kapłan to nie osoba duchowa, tylko wydmuszka.

Oczywiście duchowość kapłańska, tak jak duchowość małżeńska, może być różna, ale – musi być. Ksiądz wierzący to ksiądz, który wierzy w życie wieczne, ksiądz, który drży przed Bożym sądem, bo komu wiele dano, od tego wiele wymagać się będzie. Wyliczać można w nieskończoność. Na szczęście spotkałem też mnóstwo wierzących księży.

A tych niewierzących?

Spotkałem wielu księży pogubionych. Ale to nie znaczy, że niewierzących. Poruszyło mnie przypadkowe spotkanie z pewnym starym już kapłanem. Jechał na wakacje, wysiadł z pociągu, trafił do mnie do spowiedzi przypadkiem. Był homoseksualistą. Odczuwał wielkie pokusy. Nawet dopiero co, w pociągu, chwilę wcześniej, podrywał chłopców. Miał za sobą spore złajdaczenie.

Wyczułem w nim coś autentycznego. Wobec tego zapytałem go otwarcie: „Kiedy przyjdzie do mnie do spowiedzi młody ksiądz z homoseksualnymi skłonnościami, co mogę mu powiedzieć?". Na co odpowiedział mi niezwykle szczerze, wzbudzając mój szacunek: „Mów im, że to wszystko ułuda. Wydaje nam się, że w tych relacjach znajdziemy ukojenie i zaspokojenie, piękno i przyjemność. Z perspektywy siedemdziesięciu lat mogę powiedzieć, że z tego wszystkiego pozostało mi tylko ogromne obrzydzenie do siebie samego, gdy patrzę wstecz". Czułem, jak bardzo ten człowiek jest nakręcony seksualnie, jak trawi go obsesja. Podróżował całą noc pociągiem, spowiadał się natychmiast, gdy z niego wysiadł, jeszcze przed siódmą rano. Jego słowa – „Mów im, że to ułuda" – wciąż we mnie rezonują.

Jaki to był ksiądz: wierzący czy nie?

Był to ksiądz grzeszący, ale pomimo swoich grzechów z pewnością wierzący.

Spowiednik: Czytanie między wierszami

Czy lubi Ksiądz spowiadać?

Bardzo lubię spowiadać. Lepsze jest pytanie, czy ludzie lubią, gdy spowiadam. I to nie ja powinienem na nie odpowiadać. W końcu każda potwora znajdzie swego amatora. Ale ostatecznie myślę, że trafiałem do pewnej grupy ludzi.

Do jakiej grupy?

Od młodzieży do ludzi w podeszłym wieku.

Dlaczego wracali akurat do Księdza?

Być może dlatego, że byłem dość wymagający, a jednocześnie wszystkich traktowałem z szacunkiem. Być może najtrudniejsze były spowiedzi gimnazjalistów, którzy przygotowywali się do sakramentu bierzmowania. Przekonywałem ich, że powtarzanie formułek i wyłącznie zbieranie podpisów na karteczce to droga donikąd. Na tej drodze prędzej czy później ich życie i spowiedź całkiem się rozejdą, bo zobaczą, że wciąż tkwią w ubrankach pierwszokomunijnych. Dlatego, podkreślałem, to jest czas i szansa, by nauczyć się żyć w taki sposób, aby niczego przed samym sobą nie zatajać. Spowiedź nie jest banalnym rytuałem, w którym wystarczy wypowiedzieć magiczne formułki. Najgorsze, co się może przydarzyć, to spowiedź świętokradzka, kiedy świadomie, ze wstydu, zatajamy grzech ciężki. (Nie wchodzę w niuanse teologii moralnej, kiedy mamy tak zwaną niemożność moralną i niemożność fizyczną wyznania grzechów). Chcę wierzyć, że przynajmniej u części tych osób udało mi się zaszczepić dobre rozumienie spowiedzi.

Wyobraźmy sobie sytuację, w której udziela Ksiądz rady młodszemu koledze. Na co powinien jako spowiednik zwracać uwagę w kontakcie z penitentem?

Powiedziałbym: najpierw słuchaj. Nie tylko tego, co jest mówione wprost, ale zwłaszcza słuchaj tego, co jest mówione między wierszami. Czasem trzeba się dopytać, bo nie wszystko, co na początku wygląda banalnie, takie jest w rzeczywistości. Zadaniem spowiednika jest zachować przy tym delikatność i nie tracić cierpliwości.

Kiedy muszę dopytywać, tłumaczę: „Możesz się dziwić, że zadaję dodatkowe pytania. Nie robię tego z ciekawości, nie chcę cię gnębić, ale muszę zrozumieć możliwie dużo, żeby spróbować ci pomóc".

Kiedyś spowiadała się u mnie trzynastoletnia dziewczyna. Była ubrana potwornie wyzywająco jak na swój wiek. Mówi: „Prawie straciłam swoją mamę". Nie zrozumiałem. Dopytuję się. Ona powtarza: „Nie straciłam, ale zdradziłam". „Co masz na myśli?". „Wychodziłam na imprezę. Mama pozwoliła mi wrócić o pierwszej w nocy. Nie wróciłam. Pojechałam na dyskotekę (a była to dyskoteka okryta złą sławą) i upiłam się z moim chłopakiem. Potem braliśmy narkotyki i współżyliśmy. Wróciłam do domu nad ranem. Mama była bardzo zła". „Ile lat ma ten chłopak?". „Dwadzieścia pięć".

Wystarczyło kilka pytań, żeby poznać istotę problemu. Musiałem tej dziewczynie wytłumaczyć, że tak naprawdę to ona jest ofiarą, a jej tak zwany chłopak to zwyrodnialec, który podle ją wykorzystał. Ogromnie trudnym zadaniem spowiednika jest ochronić taką osobę przed krzywdą, której doznała. Mnie było łatwiej, ponieważ w seminarium przeszedłem znakomity kurs prowadzony przez psychologów zajmujących się problemem dzieci wykorzystywanych seksualnie. Dzięki niemu wiedziałem, że wykorzystywane dzieci nieraz spowiadają się, mając poczucie winy, że to one robią coś złego. Kiedy dziecko mówi, że robiło „brzydkie rzeczy", spowiednik powinien wiedzieć, jak zareagować. Niczego nie sugerować, lecz stawiać otwarte, pełne życzliwości i zrozumienia pytania: „Przepraszam cię, nie do końca zrozumiałem, co masz na myśli". „Czy robiłaś te brzydkie rzeczy sama, czy z kimś?". Najczęściej molestują najbliżsi, rodzice, wujkowie, przyjaciele domu. Krzywdziciel buduje atmosferę tajemnicy i poczucie zagrożenia dobra: „Nie mów nikomu, bo inaczej stanie się nam krzywda". Zwykle dziecko kocha tę osobę, więc nie życzy jej źle. Niekiedy ulega szantażowi: „Jak powiesz, trafisz do domu dziecka". Innym razem sugestii: „Było ci przyjemnie". Czasem po prostu wypiera całe zdarzenie. Pedofile najczęściej wmawiają dziecku poczucie winy i nim je szantażują. Z takiego dziecka trzeba wówczas zdjąć traumę i uwolnić je. Ale jak to zrobić praktycznie?

Ksiądz jest związany tajemnicą spowiedzi. „Czy jest ktoś, do kogo masz zaufanie i mogłabyś z nim o tym porozmawiać?". „Czy powiedziałaś o tym mamie?". Kiedyś spotkałem się z odpowiedzią: „Tak, ale mi nie uwierzyła". To są potworne sytuacje. Spowiednik nie ma jak bezpośrednio pomóc. Może jedynie prosić dziecko, by spróbowało jeszcze komuś zaufać. „A może ciocia? A może pani w szkole?".

Wbrew pozorom nie są to sytuacje niespotykane. Kiedy corocznie jeździłem z maturzystami na pielgrzymkę do Częstochowy, w autobusie w nocy wygłaszałem konferencję o spowiedzi. Następnego dnia spowiadałem około dziewięćdziesięciu osób. Większość traktowała to jako spowiedź generalną, ponieważ okoliczności temu sprzyjały. W takiej grupie zawsze spotka się statystycznie dwie osoby o skłonnościach homoseksualnych oraz kilka przypadków molestowania seksualnego. Nie zdziwiłbym się, gdyby te proporcje były reprezentatywne dla całego społeczeństwa.

Czy zdarzyło się Księdzu spowiadać osobę molestowaną przez duchownego?

Spotkałem, ale ten przypadek był tak drastyczny i tak wyjątkowy, że jest łatwy do rozszyfrowania. Zatem nie mogę o tym mówić.

Częściej spotykam się natomiast z przypadkami młodych dziewcząt lub młodych mężczyzn, którzy zostali uwiedzeni przez księży. Bronili ich, więc pytałem: „Czy uważasz, że on jest dobrym kapłanem?". Odpowiadali: „Tak". „Czy rozmawiacie o twoich wątpliwościach, czy on mówi o swoich wyrzutach sumienia?". „Tłumaczy, że celibat to pomyłka". „Pamiętaj, że skoro ma takie podejście, może to oznaczać, że dla niego nie jesteś jedyna".

Trzeba takiej osobie – najczęściej dziewczynie – uświadomić, że jest ofiarą w tym związku. Gdyby ksiądz, który z nią współżyje, był uczciwy i szczerze ją kochał, odszedłby z kapłaństwa. Jeżeli chce z nią być, a jednocześnie nie jest wystarczająco odważny, żeby to zrobić, to znaczy, że jest niewiarygodny i opowieści o dylematach można włożyć między bajki.

Obarczam znacznie większą winą księdza niż ofiarę, bo to on ponosi większą odpowiedzialność, gdyż z założenia jemu świeccy zostali powierzeni jako wierni. Wykorzystać czyjąś słabość, zbudować relację zaufania to po prostu świństwo. Część duchownych niestety nadużywa takich sytuacji. Niejeden ksiądz udaje wówczas przyjaciela, buduje relację bliskości, a potem zaczyna pchać łapy w majtki i wszystko rujnuje. Najwięcej w sposób oczywisty tracą skrzywdzeni. Stają się ofiarami gwałtu moralnego. W ciągu sekundy zostają całkowicie złamani. Tracą zaufanie do wszystkich.

Czym charakteryzowały się spowiedzi, których wysłuchiwał Ksiądz jako kapelan szpitalny?

Bycie kapelanem w szpitalu wymaga niezwykłej wrażliwości i rzutkości intelektualnej. Niestety, Kościół w Polsce traktuje tę pracę jako dodatek do innych obowiązków księdza. Tym samym popełniamy wielki błąd. Kapelan powinien być oparciem dla pacjentów i personelu medycznego. Dochodzą do mnie na szczęście słuchy, że to się zmienia. W wielu szpitalach kapelani są świetni, z czego bardzo się cieszę. Przez lata pokutowało bowiem przekonanie, że gdy ksiądz się już do niczego nie nadaje, to niech zostanie kapelanem: udzieli Komunii, namaszczenia chorych, wyspowiada, i wystarczy. Nic bardziej błędnego.

Byłem zatrudniony w szpitalu na ćwierć etatu, czyli na dwie godziny dziennie. Uczciwy obchód z Komunią każdego dnia zajmował mi nieco ponad godzinę. Później, po wieczornej Mszy, umawiałem się na spowiedź osób w trudniejszej sytuacji, żeby mieli te kilka godzin na porządniejszy rachunek sumienia. Do tego w bycie kapelanem wpisana jest konieczność całodobowego oczekiwania na nagłe, kryzysowe wezwania. Pielęgniarki w puckim szpitalu nabrały do mnie takiego zaufania, że dzwoniły o każdej porze. W tym samym czasie w sąsiednim mieście kapelan wściekał się na każdy interwencyjny telefon. Takie postępowanie jest po prostu nieuczciwe. Umowa szpitala z kapelanem określa prawa i obowiązki. Nie można ich traktować wybiórczo. Obowiązkiem jest bycie do dyspozycji szpitala.

Spowiedź w szpitalu jest specyficzna. Wchodzisz do wieloosobowej sali w pełnym rynsztunku: z bursą, stułą, komżą. Trzeba zrobić z siebie małpę, by skrócić dystans. Na przykład: „Szczęść Boże, pochwalony Jezus Chrystus, dobry wieczór, darzbór" i wszystkie inne pozdrowienia. „Kto z państwa chciałby do Komunii?". Masz ten przywilej, że spotykasz ludzi wierzących i niewierzących, antyklerykałów i dewotów, całe spektrum społeczeństwa. Musisz się przywitać z pacjentami jako ksiądz, ale zrobić to tak, żeby nie wywołać u wszystkich sztywności. Przecież ostatecznie nie interesują mnie jako kapelana ci, którzy chcą przystąpić do Komunii, bo zaraz im jej udzielę. Na pierwszym miejscu są inni, którzy nawet nie chcą widzieć księdza. Kiedy słyszę odmowę spowiedzi, muszę wyczuć, czy jest to „nie" wynikające z nieprzystępowania do sakramentu od lat, czy jest to „nie", bo żyję w związku niesakramentalnym, czy „nie, spieprzaj, klecho", które też się zdarza kapelanom usłyszeć. Już w tym momencie kapelan musi się wykazać wrażliwością i inteligencją, żeby odpowiednio rozpoznać sytuację człowieka. Nieco się zbliżyć, nazwać jego lęki, zapewnić, że się je rozumie. W tym wszystkim pomocny jest dystans do siebie, autoironia, żeby ewentualnej agresji pacjentów nie odbierać osobiście jako ataku na siebie. Niektórzy reagują pozytywnie od razu, inni potrzebują kilku godzin, jeszcze inni kilku dni. Ale to właśnie w szpitalu wysłuchałem poruszających spowiedzi po latach. Przy czym nie możesz dać po sobie poznać – przecież otaczają cię inni pacjenci – jakie wrażenie wywołuje na tobie historia człowieka. Zwłaszcza gdy nie możesz udzielić rozgrzeszenia. Pozostałe osoby nie mogą się o tym dowiedzieć.

Jak wyglądają spowiedzi aborcyjne?

Sytuacja moralna zmienia się z czasem. W latach sześćdziesiątych, siedemdziesiątych i osiemdziesiątych aborcja była prawnie dozwolona i traktowano ją jak środek antykoncepcyjny albo wyrwanie zęba. Wobec tego część kobiet nie miała pełnej świadomości grzechu. Obecnie ta świadomość jest dużo większa i chyba wszyscy zdają sobie sprawę, że aborcja jest zabójstwem osoby ludzkiej przed narodzeniem. Tę zmianę świadomości widać zwłaszcza wtedy, kiedy u kobiety występuje tak zwany syndrom poaborcyjny. Najtrudniejsza jest sytuacja, w której kobieta wciąż powraca do dawno już odpuszczonego grzechu aborcji. Niekiedy czuje w sobie imperatyw: muszę o tym jeszcze raz powiedzieć, jeszcze raz, i jeszcze – za każdym razem. Albo wyobraża sobie, ile lat miałoby jej dziecko, co mogłoby robić, jak wyglądać itd.

Spowiednik musi to przerwać. Powiedzieć „Stop". Namawiam wtedy: „Proszę zaufać Bożemu miłosierdziu". Albo mówię ostrzej, gdy jest to konieczne: „Zakazuję pani powracać myślą do tej sytuacji, kiedykolwiek. Zakazuję pod karą grzechu ciężkiego. Zakazuję dla pani bezpieczeństwa. Proszę zaufać Panu Bogu: ten grzech został już dawno odpuszczony. Wiem, o czym mówię, nie pani pierwszej się to zdarza".

Często można usłyszeć głosy, że Kościół traktuje wiedzę psychologiczną z podejrzliwością i uznaje, iż pozostaje ona w konflikcie z praktyką spowiedzi.

Oceniam takie głosy krytycznie. Kojarzą mi się z opinią mówiącą o tym, że duża liczba osób cierpiących na depresję w krajach zachodnich to efekt porzucenia spowiedzi indywidualnej. Kto wie, może faktycznie część katolików traktuje spowiedź jako psychoterapię? Jeśli tak jest, to dochodzi do poważnego pomylenia pojęć. Ksiądz musi mieć podstawy wiedzy psychologicznej, ale nie może się bawić w psychologizowanie. Bo to właśnie psychologizacja spowiedzi, kiedy księża wychodzą poza własne kompetencje, próbują terapeutyzować przez konfesjonał, jest groźna dla sakramentu pokuty jako takiego. A dobra, oparta na naukowym doświadczeniu psychologia jest dziedziną naukową, która nie ma tajemnej mocy wglądu w ludzkie dusze.

Pacjentom hospicjum i ich rodzinom, którzy boją się psychologa, tłumaczę: on ma narzędzia i pomoże państwu po prostu obsługiwać własne emocje.

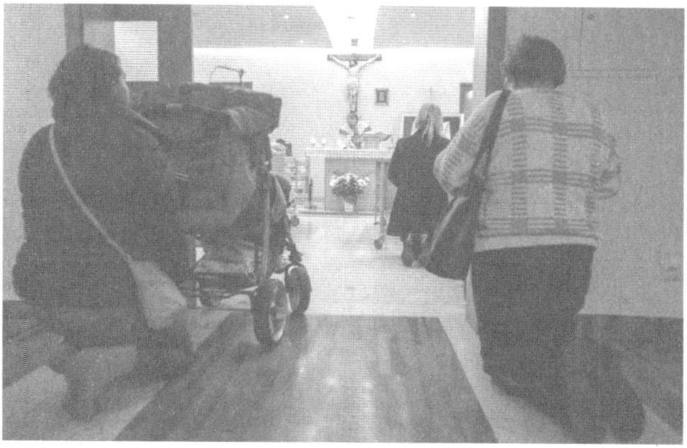

HOSPICJUM

albo jakoś to będzie

czyli opowieść o cierpliwnikach i współmyśleniu
z pacjentami, o lepach na muchy z GS-u
i pokusie założenia kwiaciarni,
a także o towarzyszeniu w chorobie i konaniu

Msza w puckim hospicjum. Luty 2015 r. – fot. Damian Kramski

Hospicjum domowe: Wszyscy robią wszystko

Jakie były początki puckiego hospicjum?

W 2004 roku zaczęto likwidować część oddziału wewnętrznego w szpitalu w Pucku. W znacznej mierze spełniał on rolę oddziału paliatywnego. Miałem wiele nocnych wezwań do domu pacjentów w terminalnym stadium choroby nowotworowej. Zdawałem sobie sprawę, że nie otrzymywali odpowiedniej opieki. Obserwowałem w tym samym czasie, jak powstaje hospicjum w Sopocie. Postanowiłem przekonać proboszcza do założenia hospicjum domowego. Miał wątpliwości, ale się zgodził. Zresztą spodziewałem się jego akceptacji. Często powtarzał: „Panowie, róbcie". Ale też był realistą. Namawiał, żeby nie bać się porażek i mieć świadomość, że jedna trzecia z naszych planów nie wypali. Ten projekt wypalił.

Dopiero co minęło dziesięć lat od czasu, kiedy założyliśmy stowarzyszenie, którego nazwę zaproponował proboszcz: „Puckie Hospicjum im. św. Ojca Pio". Dokumenty do rejestracji sądowej zawiozłem w sylwestra 2004 roku. Wiosną 2005 roku byliśmy już legalnie działającą instytucją. Wybraliśmy jako formę prawną charakter stowarzyszenia świeckiego. W diecezji gdańskiej tamte lata były wyjątkowo niestabilne finansowo. Arcybiskup

Gocłowski, z którym się konsultowałem, doradził takie właśnie rozwiązanie, żeby w razie czego hospicjum nie obciążyło budżetu diecezji.

Czy puckie hospicjum – mając katolickiego patrona – jest w takim razie hospicjum katolickim?

Jako ksiądz chciałem, żeby stowarzyszenie było zakotwiczone w Kościele. Dlatego zapisano w statucie, że w swej działalności będzie się ono kierowało nauką moralną Kościoła. Wpisałem takie zdanie do statutu, żeby któregoś dnia nie okazało się, że w naszej placówce – gdyby była zakontraktowana na zabiegi finansowane z funduszy publicznych – trzeba wykonywać zabiegi niezgodne z katolickim rozumieniem troski o życie. Mam na myśli eutanazję. Dodałem też zapis, że każda zmiana na stanowisku prezesa stowarzyszenia musi być akceptowana przez ordynariusza diecezji. Ten zabieg ma na celu zabezpieczenie hospicjum przed sytuacją, w której zacząłby je prowadzić człowiek ideowo odległy od Kościoła. Akceptację ordynariusza zastrzegłem jako konieczną również w przypadku zmiany statutu. Żeby nagle wartości katolickie nie uleciały z jego treści. Katolicki charakter działalności hospicjum jest dla mnie niepodważalny.

Czym są dla Księdza, w kontekście działalności hospicjum, wartości katolickie?

Moje podejście do życia wywodzi się z chrześcijańskiego personalizmu, który wyraża się w przekonaniu, że żadną osobą nie wolno posłużyć się przedmiotowo. Każda osoba – przez sam fakt bycia osobą, nieważne: przed narodzeniem, śmiertelnie chora czy w stanie agonii – jest podmiotem naszych działań, a nie przedmiotem.

Wolę niewierzącego personalistę, który w drugim widzi drugiego przez duże D, niż pseudowierzącego utylitarystę, który drugiego wykorzystuje do swoich partykularnych celów. Człowiekiem w żadnym wypadku nie wolno posługiwać się użytkowo, ponieważ uderza to w jego godność. Wolność i godność to dla mnie kluczowe pojęcia. Chrześcijaństwo, gdy ich nie szanuje, przeradza się we własną karykaturę.

Początki hospicjum były trudne?

Początki były sympatyczne. Działaliśmy wolontariacko. Proboszcz użyczył nam starego tarpana, którym jeździliśmy do pacjentów. Wszyscy robili wszystko. Stanowiliśmy świetnie zgrany zespół: pani doktor Agata Gussmann i trzy panie pielęgniarki, które są z nami od samego początku.

Pomagali nam też chłopcy ze wspomnianej szkoły zawodowej. Ponieważ w ogóle nie jestem techniczny, bez nich nie dałbym rady niczego zrobić. Przerosłyby mnie takie zadania, jak zmontowanie łóżka elektrycznego, przewiezienie go, poradzenie sobie z tym wszystkim fizycznie. Zresztą gdybym był sprawniejszy, to założyłbym dla tych chłopców klub bokserski, żeby odciągnąć ich od palenia jointów pod blokami, a że założyłem hospicjum – to zaprosiłem ich do takiej pracy. Szukali emocji w paleniu trawy, a tu znaleźli je, pomagając innym. Uciekali od życia, a tu się do niego zbliżali. Opowiadałem im o pacjentach, zanim do nich dotarliśmy. Później przekazywałem im wieści, jak się dana osoba czuje, jak długo żyła, kiedy zmarła.

Jakie były reakcje tych nastolatków w kontakcie z osobami umierającymi?

Pewnej nocy zostałem wezwany do zapadającej się chatki w malutkiej wsi. Pojechałem z jednym z moich ogrów. W chatce mieszkała ponaddziewięćdziesięcioletnia kobieta chora na nowotwór skóry, którą opiekowała się siedemdziesięcioletnia córka. W domu unosił się bardzo nieprzyjemny zapach, a widok kobiety był przejmujący, ponieważ całe jej plecy wyglądały jak jedna wielka rana. Paweł nie dał nic po sobie poznać. Przedstawił się, mówił, co będzie robić: teraz przełożę pani nogę, teraz rękę, musimy panią nieco podnieść, żeby zmienić opatrunek. To był chłopak, od którego nie należało oczekiwać kultury wyniesionej z domu. Ale w obliczu tego ludzkiego dramatu postępował bardzo delikatnie. Sceneria była poruszająca: noc, domek zapadający się w ziemię, wewnątrz dwie staruszki, jedna żarówka.

Nie oczekiwałem, że któryś z ogrów powie mi po wizycie u pacjenta: „Dziękuję" albo odezwie się językiem zaczerpniętym z dokumentów kościelnych: „Jestem wdzięczny Bożej Opatrzności, że dane mi było z głęboką troską pochylić się nad cierpiącym człowiekiem, w którym dostrzegłem twarz samego Pana, co, czcigodny księże, pozwoliło mi tym łacniej kształtować moją młodą duszę w duchu personalizmu chrześcijańskiego". Byłem szczęśliwy, gdy w drodze powrotnej, kiedy jechaliśmy w ciszy, Paweł trącił mnie w bok i stwierdził: „Proszę księdza, dobrze, że tam byliśmy, nieeeee?". Ja na to: „Dobrze, Pawełku".

Z innym z nich byliśmy przy śmierci młodej kobiety. Potrzebowałem go, żeby wniósł do mieszkania koncentrator tlenu. Mąż chorej w akcie heroizmu pojechał jeszcze po jakąś chemię, a przy niej czuwała matka. Złapałem się wtedy na tym, że zacząłem się nieco bawić w lekarza: patrzeć na puls, na objawy bólu, na czynności organizmu. Wreszcie się otrząsnąłem, usiadłem i zacząłem modlić. Patrzyłem na dziecko tej kobiety. Pięcioletniego chłopca, który leżał na dywanie i rysował. Choroba mamy nie była dla niego traumą, tylko codziennością. Nie wiedział, czym będzie jej śmierć. W tym domu zresztą atmosfery śmierci nie było.

Przekładam w palcach paciorki różańca. Nagle widzę, jak mój uczeń z własnej inicjatywy siada obok chłopczyka i zaczyna układać z nim klocki. Znowu: to nie był człowiek wielkiej wrażliwości, ale młody chłopak, dla którego normalnie taka zabawa byłaby nie do podjęcia, bo to przecież w oczach kolegów obciach. Widziałem, jak się musiał dostosować do tej sytuacji, w której się znaleźliśmy.

Wszystkim moim ogrom chcę podziękować za ich pomoc, pracę i takie właśnie gesty. Bardzo sobie cenię to, do czego byli zdolni.

Jak wygląda praca hospicjum domowego?

Do domu pacjenta przyjeżdża zespół złożony z lekarza, pielęgniarki, księdza, psychologa i wolontariuszy. Ponadto chory jest wyposażany w niezbędny sprzęt. Przy pomocy rodziny próbujemy w domu stworzyć warunki podobne do szpitalnych. Łóżko rehabilitacyjne z materacem antyodleżynowym, wspomniany koncentrator wspomagający oddychanie, ssaki, pompy i wiele innych rzeczy.

Dla nas standardem jest wizyta pielęgniarki dwa razy w tygodniu, a lekarza jeden raz (chociaż NFZ wymaga o wiele mniej). Zdarza się, że stan pacjenta jest stabilny, i wtedy wizyty są rzadsze. Wraz z pogarszaniem się kondycji chorego wzrasta liczba naszych wizyt, nawet do dwóch dziennie. Poza tym podstawą jest kontakt telefoniczny.

Jeśli rodzina pacjenta będącego pod naszą opieką dzwoniła spanikowana, informując, że wzywa pogotowie, to był to dla mnie sygnał, że coś nie zagrało. Wezwanie pogotowia rzadko może pomóc osobie w stanie paliatywnym. Przyjeżdża zespół ratowników medycznych, pacjent otrzymuje zastrzyk przeciwbólowy, zespół odjeżdża. Jeżeli rodzina wywiera presję, pacjent jest zabierany na SOR. Tam męczy się przez kilka godzin w poczekalni, wreszcie lekarz albo zleca byle jaką kroplówkę i odsyła do domu, albo przyjmuje na oddział, na onkologię, gdzie chory kona wśród obcych. Jeśli jest to oddział onkologiczny, chory niepotrzebnie zajmuje miejsce w szpitalu pacjentom, którzy mogliby być intensywnie leczeni przyczynowo. Oddział zaczyna więc szukać miejsca w hospicjach i w ten sposób system się zatyka, a pacjenta traktuje się jak przedmiot, który zatoczył koło.

Odczułem dużą satysfakcję, kiedy usłyszałem od kierownika pogotowia, że od czasu kiedy powstało hospicjum domowe, na terenie powiatu liczba wezwań do przypadków paliatywnych spadła prawie do zera. Wcześniej pogotowie było nimi znacznie obciążone. Niestety obecnie nie jesteśmy w stanie odpowiedzieć na rosnące zapotrzebowanie i problem znów narasta.

Z czasem okazało się jednak, że duża odległość, jaką trzeba pokonać, by dotrzeć do pacjentów, i to przy ich stale rosnącej liczbie, nie pozwala nam na wykonywanie naszej pracy w takim standardzie, w jakim byśmy chcieli. Skuteczność zespołu domowego powyżej trzydziestu kilometrów od siedziby hospicjum dramatycznie spada. Liczba zgłoszeń wzrastała i wzrasta. Konieczność budowy hospicjum stacjonarnego okazała się pilniejsza, niż można było to początkowo przewidywać.

Budowa: Panie prezesie, my naprawdę ten kredyt spłacimy

W jaki sposób zabrał się Ksiądz za tak poważne przedsięwzięcie, jakim jest budowa?

Po polsku, czyli bez planu. Przytaczając *Pana Tadeusza*: „Szlachta na koń wsiędzie, ja z synowcem na czele i jakoś to będzie".

Nie obawiał się Ksiądz skali inwestycji: finansów, budowy, administracji, nie wspominając już o wejściu w państwowy system opieki zdrowotnej?

Powinienem się bać, ale chyba nie byłem tego wszystkiego do końca świadomy. W maju 2005 roku otrzymaliśmy pierwszy kontrakt z NFZ na hospicjum domowe. Potem negocjowaliśmy, mając już w perspektywie budowę oddziału stacjonarnego. Dostaliśmy pozytywną informację zwrotną i mieliśmy już jakieś wyobrażenie o kwotach i terminach, w jakich moglibyśmy się spodziewać kontraktu. Skutecznie prowadziła te sprawy moja ówczesna i obecna zastępczyni Ania Labuda. Mnie pochłaniało wtedy bycie kapelanem i menadżerem. Poza tym uwielbiałem chodzić w gumiakach. Nadzorowanie prac budowlanych, chyba tak jak każdemu facetowi, sprawiało mi wielką frajdę.

Własnymi siłami postawiliśmy budynek w stanie surowym. Zbliżała się zima, ale brakowało nam dachu. Wiedziałem, że bez zaciągnięcia kredytu nie mamy szans. Zacząłem jeździć po bankach, wszędzie mi odmawiano. Ostatnią szansą był Bank Spółdzielczy w Krokowej. Nie mając żadnego zabezpieczenia finansowego poza aktem własności działki pod budynek, którą otrzymaliśmy od miasta, spotkałem się z prezesem banku. „Panie prezesie, ale my naprawdę ten kredyt spłacimy". A on, z wielkim drżeniem serca, zgodził się. Myślę, że dla tego banku to było duże wyzwanie. Podszedłem do sprawy ambicjonalnie, słowo ważniejsze od pieniędzy, *pacta sunt servanda*. Bywało ciężko. Moją dumą jest to, że nie spóźniliśmy się nigdy z ratą, choćby o dzień.

Czy przystępując do tych działań, wiedział Ksiądz, jakie powinno być hospicjum?

Przede wszystkim cały czas trzeba myśleć, że budujesz je dla siebie. Paradoksalnie w moim przypadku tak właśnie wyszło. Ale tutaj nie wierzymy w zbiegi okoliczności.

Przed przygotowaniem planów budowy odwiedziłem prawie wszystkie hospicja w Polsce. Byłem także w Wielkiej Brytanii i w Holandii. Po tym rekonesansie wiedziałem, jakiego hospicjum nie chcę. Widziałem na przykład hospicjum, w którym właściwie całe życie pacjentów, włącznie z toaletą, było widoczne z korytarza. To porażające naruszenie intymności. U nas można przejść przez całe hospicjum i właściwie nie zajrzeć do pacjentów, bo wejścia do pokojów są z wewnętrznych korytarzy. Jednocześnie zachowany jest pełen kontakt z innymi, co jest dla nich ważne, ponieważ wbrew pozorom nie sprzyja im grobowa cisza.

Koncepcję budynku przygotował pan Jacek Szymczak, człowiek *anima naturaliter christiana*, który teraz pracuje nad projektem rozbudowy. Staram się, żeby nie tylko architektura hospicjum była jak najlepsza. Zależy mi również na wyglądzie pomieszczeń. Ma być najlepiej pod każdym względem: medycznym, etycznym, estetycznym i wszelkim innym. Dlatego duże hole, przeszklone patia, zieleń za oknami, także w kaplicy, nowoczesne wielkoformatowe fotografie na ścianie, dobrze oświetlone.

Mam nadzieję, że udało się stworzyć przytulną, ale i nowoczesną przestrzeń. Budynek ma nie przywoływać skojarzeń z przestrzeniami szpitalnymi.

Wszystko jest ważne, zwłaszcza kuchnia, w której można sobie zażyczyć dowolną potrawę. Dla niektórych to dziwactwo, rzecz w szpitalu nie do pomyślenia. A wystarczy trochę empatii. Pacjent to termin wywodzący się z pięknego łacińskiego słowa *patientia*, czyli cierpliwość. Pacjenci powinni być cierpliwnikami. Niektórzy są naprawdę wybitnie cierpliwi. Dlaczego odmawiać im tej małej przyjemności, jaką jest dobry posiłek?

W teologii znane jest pojęcie *sentire cum Ecclesia*, czyli współodczuwanie z Kościołem. W hospicjum jest to *sentire cum cierpiący*, czyli empatia stosowana, wejście w buty pacjenta. Dlatego próbujemy się wczuć w położenie każdego z nich, wyjść naprzeciw jego oczekiwaniom. Ktoś chce papierosa, ktoś stek z grilla, ktoś piwo – proszę bardzo. Jest słoneczny dzień, wychodzimy do ogrodu. Ludzie się wygrzewają, opalają, jest im dobrze. Przecież na świeżym powietrzu też można podać kroplówkę, zrobić zastrzyk.

Oglądaliśmy wspólnie reportaż z Księdza hospicjum. Najbardziej przejmujące było w nim pokazanie rozmowy Księdza z rodziną pacjenta: swobodnie, ze śmiechem, z radością. W ten sposób hospicjum odcina się nie tylko od atmosfery szpitalnej, ale też walczy ze stereotypowym wizerunkiem miejsca przygnębiającego.

Nie jesteśmy wyjątkiem, większość hospicjów stara się tak pracować. Trzeba też pamiętać, że niektóre z nich są już placówkami ze sporym stażem. To oznacza, że muszą się adaptować do nowych warunków, co nie zawsze jest łatwe. Sądzę jednak, że w tych zmianach możemy się wzajemnie inspirować i uczyć pewnych rozwiązań, zwłaszcza takich, które są drobnostkami. Kiedy zobaczyłem pierwszą inwazję much na nasz oddział i podwieszone do lamp lepy na muchy, złapałem się za głowę: jak w GS-ie! Teraz polecam wszystkim moskitiery do okien. Ale niewykluczone, że będę musiał skorzystać z inspiracji innego hospicjum i zainwestować w klimatyzację, ponieważ zmienia się klimat i letnie upały potrafią być uciążliwe nie tylko ze względu na muchy, ale też ze względu na temperaturę.

Praca: Wytyczanie granic

Praca w hospicjum to z pewnością duże obciążenie emocjonalne dla personelu placówki, gdyż oznacza codzienną konfrontację ze śmiercią.

Takie przekonanie jest powszechne, ponieważ zakładamy, że chory, trafiając do hospicjum, już z niego nie wyjdzie. Istnieje zauważalna grupa, około piętnastoprocentowa, która hospicjum opuszcza. Część pacjentów wraca pod opiekę hospicjum domowego. Kolejna pozostaje pod opieką poradni paliatywnej. Istnieją także nieliczne przypadki, kiedy nasi chorzy znikają nam z oczu. Trudno powiedzieć, czy odzyskują pełne zdrowie. Może są w innych placówkach. Wcale niewykluczone, że podjęli na nowo aktywne leczenie przyczynowe. Jeśli tylko pojawia się cień szansy, jestem pierwszym, który za tym optuje. Nie możemy doprowadzić do sytuacji, w której hospicjum jest postrzegane jako nieodwołalny wyrok, bo wtedy przeoczymy wszelkie oznaki sugerujące, że o życie chorego w kontekście jakości i długości toczy się walka.

Jeśli przebieg choroby jest jednoznaczny, nie będziemy narażać pacjenta na dalszą diagnostykę tylko po to, by zaspokoić kliniczną ciekawość. Ale jeśli istnieje przypuszczenie, że w organizmie człowieka zaszła jakaś pozytywna przemiana, na skutek której pojawiła się potrzeba podjęcia intensywnego leczenia – koniecznie trzeba to zrobić.

Mam nadzieję, że jesteśmy w stanie dostrzegać w hospicjum takie pozytywne sygnały. Sprzyja temu angielski styl obchodów lekarskich, który wprowadził u nas człowiek niezwykłej kultury, doktor Marek Suchorzewski. Są one powolne i spokojne, na co możemy sobie pozwolić, ponieważ mamy nie więcej niż dziewiętnastu pacjentów. Można dzięki temu rozmawiać z nimi, zadawać im pytania kontrolne. Widzę, że sobie to cenią. Dla personelu również jest to wartość, ponieważ w ten sposób prowadzimy faktycznie pracę zespołową. Kiedy po obchodzie siadamy omawiać stan pacjentów, każdy z nas – lekarz hospicjum, lekarz dyżurujący, pielęgniarka, psycholog, ja – zwróci uwagę na coś innego. Tego rodzaju indywidualizacja terapii jest w opiece paliatywnej kluczowa. Chciałbym, żeby każdy obchód dawał taką okazję. To ideał, do którego chcę dążyć.

To kawał ciężkiej roboty.

Przyznaję, że czasem łapię się na tym, że ta praca jest ciężka. Ale wiem, że wtedy pomaga mi powiedzenie sobie samemu: „Kaczkowski, jak jesteś taki wrażliwy, to trzeba było założyć kwiaciarnię”. Skoro podjąłem decyzję, że chcę założyć hospicjum i w nim pracować, to nie będę się teraz roztkliwiać, jaki to jestem tym przytłoczony. Wiedziałem, co wybieram.

Pracownicy hospicjum uczestniczą w zajęciach odstresowujących, przeszli przez szkolenia radzenia sobie z trudnymi emocjami. Ale we wszystkim trzeba zachować miarę. Zbyt łatwo można popaść w egzaltację i użalanie się nad sobą. Jest pewien typ lekarek (bo to głównie panie), które pracując na onkologii dziecięcej, uwielbiają, gdy ktoś się nad nimi lituje. Opowiadają z przejęciem, że dzieci umierają, a one sobie z tym nie radzą. „Jeśli sobie pani nie radzi – mówię to z pełną odpowiedzialnością – to proszę zmienić pracę". W przeciwnym razie obciążasz te dzieci swoimi emocjami. Co więcej, emocje mogą ci dyktować złe postępowanie, bo jesteś niepogodzona z umieraniem pacjenta i stosujesz wobec niego terapię daremną. A mówienie: „Dajmy jeszcze kolejną (niepotrzebną) chemię, ja się jeszcze nie pogodziłam z przegraną" świadczy o naprawdę głębokim nieporozumieniu. Niestety, część dzieci chorujących na nowotwory ma w szpitalu zafundowane, zamiast dwóch miesięcy dobrego dzieciństwa, cztery miesiące codziennego wymiotowania i serię szpitalnych zakażeń, bo lekarz uparcie wlewa w nie chemię, ponieważ śmierć dziecka odczytuje jako własną porażkę.

Takie są największe dylematy medycyny onkologicznej: kiedy przestać intensywnie leczyć, i paliatywnej: kiedy odpuścić. Gdzie się kończy uprawniona terapia, do której mamy prawo zachęcać, bez zmuszania, bez budowania fałszywej nadziei, a kiedy musimy powiedzieć z wielką odpowiedzialnością: „Stop".

Jak te granice wytyczać?

Indywidualnie. Chory sam prowadzi nas przez ten trudny czas. Jako bioetyk mogę równolegle odnosić się do pewnych wypracowanych przez tę dziedzinę wiedzy standardów i wyznaczników.

Najważniejsza jest jednak rozmowa, z której dowiaduję się, co dla danego człowieka jest ważne, czego on oczekuje, a co przeżywa jako porażkę. Kiedy mam czas, żeby człowieka poznać, to później w kontekście odstąpienia od intensywnego leczenia będzie nam łatwiej osiągnąć porozumienie co do jego priorytetów: „Panie Piotrze, wiem, że ta choroba jest dla pana dramatem, będziemy robili wszystko, żeby czuł się pan jak najlepiej i był z nami jak najdłużej". Bo te dwa ostatnie aspekty – jakość życia i długość życia – współgrają ze sobą. Jesteśmy jednak świadomi, że prędzej czy później wejdą ze sobą w konflikt.

Dlaczego nie zwraca się Ksiądz do chorych na ty?

Nie godzę się na to, nawet gdy choremu zależy na tym skróceniu dystansu. Bowiem człowiek przechodzi przez różne okresy. W każdej chwili stan chorego może się pogorszyć, a tym samym może zmienić się jego postępowanie – zacznie się wściekłość i bunt. Wtedy o wiele trudniej będzie mi opanować „Piotrka" niż „pana Piotra". Poza tym jestem księdzem i większość z moich podopiecznych spowiada się u mnie. Łatwiej jest wyznać grzechy „księdzu" niż „Janowi".

Jak wygląda pierwszy kontakt chorego i jego rodziny z hospicjum rozumianym i jako instytucja, i jako personel?

Większość naszej pracy, może nawet trzy czwarte, to rozmowa. Uświadamianie, po co jesteśmy, co robimy, co możemy zaoferować. Nigdy, choćbyśmy mieli wielką pokusę, nie możemy obiecywać rzeczy niemożliwych, ponieważ ludzie straciliby do nas zaufanie. Człowiekowi można powiedzieć najtrudniejszą prawdę, ale z klasą, wspierając go, budując relację. Ode mnie usłyszałby pan taki komunikat: „Panie Piotrze, jest pan ciężko chory, nikt nie będzie udawać, że jest inaczej. Ale walka się nie skończyła. Zrobimy wszystko, żeby zachować możliwie wysoki poziom życia i przedłużyć życie. Czy jest coś, co dla pana dzisiaj jest największym problemem?". Wtedy pewnie powiedziałby mi pan, że miał pan tyle planów, tyle do zrobienia, a tu bach.

Dla mnie jest to moment pokusy. Chciałbym mieć w takich sytuacjach czarodziejską różdżkę i za jej pomocą odmienić los człowieka. To jest niemożliwe. Tak potrafi działać tylko Jezus. Jezus jest moim zaufanym przełożonym, żyjemy w przyjacielskich relacjach, ale nie mam na Niego aż takiego wpływu.

Nie ma co modlić się o cud?

O cud można się modlić, ale cudu nie należy się spodziewać. One nie dzieją się na zawołanie ani nie można ich na Panu Bogu wymusić.

W takim razie gdybym był pacjentem hospicjum, to z czym by mnie Ksiądz skonfrontował podczas naszej pierwszej rozmowy?

„Panie Piotrze, mamy teraz dwie możliwości. Pierwsza jest taka, że usiądziemy, rozpłaczemy się i to nas całkowicie rozłoży na łopatki. Nawet jeśli oczekuje pan cudu długiego życia, to radziłbym skoncentrować się na tym odcinku, który jeszcze przed panem. Druga możliwość jest taka, że postara się pan niczego nie schrzanić, a naprawdę wszystko można schrzanić, także chorowanie. Zachęcam pana do tego, żeby pan tego chorowania nie schrzanił i wykorzystał swój czas jak najlepiej. Wiem, że jest panu trudno, ma pan prawo być zły, wściekły, wkurwiony. Ale jeżeli to pana zepchnie w czarną otchłań rozpaczy, to zło, które się pojawiło w formie guza w pana trzustce, odniesie podwójny sukces: zniszczy nie tylko pańskie życie, ale też pana jako osobę. Niech pan nie daje rakowi takiej satysfakcji".

Takiej rozmowy nie przeprowadza się w trzy minuty, to tylko jej sedno i skrócony sens. Sama rozmowa jest długim procesem.

A jakie słowa ma Ksiądz dla rodziny umierającego człowieka? Zwłaszcza w tak trudnej sytuacji jak śmierć młodej matki.

Do rozmowy trzeba zawsze wybrać tę osobę, która jest w rodzinie najbardziej stabilna emocjonalnie i najbardziej odpowiedzialna. Wybrać to silne ogniwo i zobaczyć równocześnie, które jest najsłabsze. Na to nie ma zbyt wiele czasu.

Tuż przed naszą rozmową dowiedziałem się, że młody mężczyzna, którego wczoraj przyjęto do hospicjum, dziś już zmarł. Zmiany zachodzą dynamicznie. Jest teraz pod naszą opieką właśnie młoda matka. Czuwa przy niej mąż z małym synem. Mieli bardzo dużo pretensji do wszystkich wokół, mnóstwo goryczy, znali smak porażki związanej z różnymi terapiami. To nieustanne nerwy dla męża: ona leży, a ja nie mogę jej pomóc.

Kiedy tylko wyjeżdżam z Pucka, łapie mnie to poczucie, że już powinienem wracać. Nie chcę, żeby pacjenci umierali beze mnie. Czasami czuję się wręcz winny, że mnie nie ma w momencie ich śmierci. Ojciec Pio, który jest naszym patronem, posiadał dar bilokacji, którego ja nie mam. Pracuję nad tym. Nawet wydzielanie jakichkolwiek przyjemnych zapachów idzie mi z trudem. Na razie bilokuję się przez telefon.

Menadżer, budowniczy, kapelan – trzy role i trzy różne rodzaje odpowiedzialności. Która z nich jest dla Księdza najważniejsza?

Odpowiedź jest oczywista: kapelan. Nie ukrywam, że jednocześnie lubię dwie pozostałe role, bo są męskie i sprawcze.

Jakie są główne zadania kapelana w hospicjum?

Takie same jak każdego kapelana: rozeznać potrzeby duchowe powierzonych opiece ludzi, doprowadzić ich do sakramentalnego pojednania z Bogiem, a jeśli mają takie życzenie, sprawować dla nich codziennie Eucharystię oraz zapewnić, chcącym tego, sakramenty w godzinę śmierci. Kapelan hospicjum powinien towarzyszyć przy konaniu.

Ważnym zadaniem jest też wsparcie podczas przekazywania choremu trudnych wiadomości oraz w czasie interwencji kryzysowych. To naprawdę ciężkie sytuacje. Słyszałem już nawet oskarżenie, że postępuję niczym doktor Mengele. Poza wsparciem udzielanym pacjentowi i jego rodzinie kapelan ma również zadania wobec personelu medycznego, indywidualnego, zespołowego. Tam gdzie pracuje sześćdziesiąt osób na zmiany, w sposób nieuchronny pojawią się konflikty.

Czy miewa Ksiądz momenty zwątpienia we własne siły?

Nie wykluczam, że w przyszłości takie zwątpienie może przyjść. Nie jest tajemnicą, że praca administracyjna nieco mnie męczy. Moja choroba nie daje mi podstaw do snucia dalekosiężnych planów. Gdybym jednak miał gdybać o przyszłości, to nie wykluczam, że któregoś dnia moje funkcje w hospicjum miałyby charakter iście kapelański i honorowy. Zająłbym się na przykład pracą naukową. Ale na razie nie mówmy o rzeczach, które są palcem na wodzie pisane.

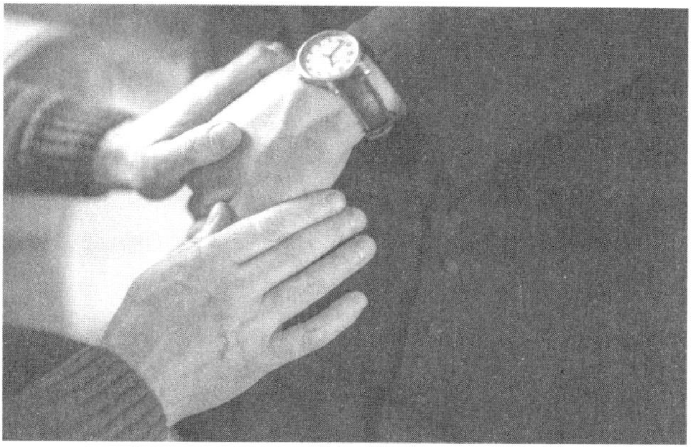

BIOETYKA

albo rozwój

czyli opowieść o godności, której jeszcze nie widać,
oraz o eugenicznym faszyzmie,
a także o granicy między tym, co obiektywne,
i tym, co subiektywne

Rozmowa z Pacjentem. Puck, luty 2015 r. – fot. Damian Kramski

Embrion: Ktoś osobny

Napisał Ksiądz doktorat zatytułowany *Godność osób umierających i terapia osób w stanie terminalnym*. W jakim kierunku kontynuowałby Ksiądz pracę naukową?

Studia bioetyczne na Uniwersytecie Papieskim Jana Pawła II w Krakowie były dla mnie bardzo ważnym doświadczeniem. Chciałem napisać pracę samodzielnie. Oczywiście z pomocą redaktora i osoby dokonującej transkrypcji, ponieważ sam mogłem pisać właściwie tylko jednym palcem. Ostatni rozdział doktoratu jest oparty wyłącznie na moim doświadczeniu hospicyjnym. Wcześniej przedstawiłem podstawy antropologiczne godności osoby ludzkiej w filozofii, potem włączyłem perspektywę teologiczną, wreszcie połączyłem obie, odwołując się do przykładów z hospicjum domowego.

Gdybym miał się teraz zabrać do przygotowywania habilitacji, to napisałbym o korelacji między obiektywnym kryterium jakości życia a subiektywnym poczuciem godności. Mam do tego tematu niezwykle bogaty materiał. Wbrew pozorom praca ta wcale nie byłaby taka jednoznaczna. Podejrzewam, że wiele z przyjmowanych na wiarę założeń nie przetrwałoby konfrontacji z rzetelną analizą naukową opartą na doświadczeniach hospicyjnych.

Bioetyka budzi dziś bodaj największe kontrowersje spośród wszystkich tematów spornych poruszanych w debacie publicznej. Nie można się temu dziwić, skoro dotyka takich problemów, jak warunki uznania kogoś za osobę ludzką. Czy według Księdza, abstrahując od nauczania katolickiego, bioetyka pozwala jasno powiedzieć, kiedy zaczyna się ludzkie życie?

Nie muszę abstrahować od nauczania katolickiego, ponieważ, paradoksalnie, moralną intuicję Kościoła potwierdzają fakty biologiczne, choćby na poziomie genetycznym. I to zwłaszcza jeśli idzie o tak zwany ontologiczny status embrionu ludzkiego.

Pytanie podstawowe brzmi: czy embrion jest czymś, czy kimś? Stanowisko Kościoła było i jest jasne. Embrion jest kimś.

Wyjątek stanowi opinia świętego Tomasza z Akwinu, który nie znając się na biologii, hołdował animacji sukcesywnej, popularnej w starożytności. Zakładała ona, że najpierw istnieje dusza wegetatywna, potem sensytywna, a wreszcie rozumna. Zresztą nie tylko w tej kwestii Akwinata się mylił, w innych, jak dopuszczanie kary śmierci, również. Ale przeciwnicy chrześcijańskiej filozofii zawsze mogą się w swojej krytyce powołać na świętego Tomasza.

Współczesna teologia moralna i bioetyka mówią o animacji zarodka w momencie jego poczęcia. To musi być bardzo precyzyjnie wyjaśnione. Wszyscy doskonale wiemy, jak wygląda zapłodnienie. Mamy oocyt, komórkę jajową otoczoną enzymatyczną otoczką, do której zmierzają plemniki; atakują ze wszystkich stron, musi być ich dużo. Wygląda na to, że w Bożym planie tylko najsilniejsze osobniki przenoszą życie. Plemniki uderzają w oocyt, który rozpoznając, że komórka jajowa jest atakowana, uchyla się w jednym miejscu. Wtedy wnika w nią plemnik będący najbliżej. Nie jest to zapłodnienie, lecz dopiero zaplemnienie. Plemnik traci swój ogonek i następuje kilkugodzinny proces mieszania się kodów DNA.

Dopiero wypadkowa wymieszanych kodów DNA ojca i matki stanowi o osobności genetycznej. Zapłodniona komórka zaczyna się dzielić w stadium blastocysty, czyli niezróżnicowanych komórek totipotencjalnych, zwanych także pierwotnymi komórkami macierzystymi. Jeśli zapłodnienie przebiegło prawidłowo – kody genetyczne wymieszały się w stu procentach i powstał zupełnie nowy kod, nieobciążony wielkimi błędami – wówczas mamy do czynienia z osobą. Przeciwnicy aborcji zwracają uwagę, że gdybyśmy z blastocysty, która jest na etapie wcześniejszym, gdy stanowi zlepek niezróżnicowanych komórek, pobrali jedną komórkę i zbadali jej kod genetyczny, to byłby on identyczny jak pobrany od osoby dorosłej.

W bioetyce zwraca się uwagę na to, co na swój sposób opisywał święty Tomasz, a więc na ciągłość rozwojową: gdyby nie przeszkadzać rozwojowi embrionu, rozwinąłby się z niego człowiek. Prawo rzymskie używało formuły, że z człowieka rodzi się człowiek, a nie monstrum jakoweś. Dlatego *nasciturus*, „jeszcze nienarodzony", posiadał w antycznym prawie przywileje, choćby prawo do dziedziczenia. To pokazuje intuicję naszej kultury. O s o b a – coś osobnego. Osobność genetyczna i ciągłość rozwojowa oznaczają, że mamy do czynienia z osobnym bytem.

I tak też mówi w swoim nauczaniu Kościół katolicki?

„Rzeczywistość istoty ludzkiej przez całe jej życie, przed narodzeniem i po narodzeniu, nie pozwala mówić ani o zmianie natury, ani o stopniowym wzroście wartości moralnej, posiada ona bowiem pełną kwalifikację antropologiczną i etyczną. A zatem embrion ludzki od samego początku ma godność właściwą [dla] osoby" – mówi bardzo jednoznacznie instrukcja *Dignitas personae* Benedykta XVI, ostatni kościelny dokument poświęcony tematyce bioetycznej.

Chociaż, trzeba przyznać, są w Kościele bioetycy, pozostający w mniejszości, którzy utrzymują, że o osobie możemy mówić dopiero po kilku dniach, gdy embrion zagnieździ się w płodnej ścianie endometrium znajdującego się w macicy.

Czym jest powracające w tym kontekście pojęcie godności?

Mamy trzy rodzaje godności: godność osobową, godność osobistą i godność osobowościową. Godność osobowa jest niezbywalna. Odnosi się ona do samego tylko faktu, że ktoś jest człowiekiem. Godność osobista to ta, którą wypracowaliśmy sobie przez całe życie. Można ją przekreślić jednym ruchem, na przykład uznany publicysta katolicki jedzie samochodem po pijaku. Godność osobowościową sami sobie przyznajemy, kiedy patrzymy w lustro i widzimy siebie jako przyzwoitego człowieka. To poczucie własnej godności też możemy bardzo łatwo stracić. A więc dwie ostatnie godności nie są niezbywalne. Zawsze istnieje ryzyko, że w ramach tych dwóch kategorii w jakimś sensie się odczłowieczymy przez jakiś niegodziwy czyn.

Święty Tomasz forsował w tym kontekście przekonanie, że na przykład zabójca przez swój czyn odczłowieczył się tak bardzo, że powinien być traktowany jak zwierzę. To ślepa uliczka. Przyjęcie takiego rozumowania prędzej czy później musiałoby oznaczać akceptację eutanazji: no bo skoro ludzie mogą się na jakimś etapie istnienia odczłowieczyć... Z filozoficznego punktu widzenia nie istnieje możliwość, by godność człowieka, niezależnie od okoliczności, uległa degradacji na niższy poziom, na przykład zwierzęcia czy rośliny. Z tego powodu jestem przeciwnikiem określania czyjegoś położenia jako „warzywa" i jego stanu jako „wegetatywnego", ponieważ w ten sposób dopuszczamy się na poziomie języka uprzedmiotowienia człowieka.

Współczesny sprzeciw Kościoła wobec kary śmierci wynika z przekonania, że największy nawet zbrodniarz nie traci owej osobowej godności, nie odczłowiecza się przez swój niegodziwy czyn. Wolno mi sądzić, że jako cywilizacja osiągnęliśmy już taki poziom rozwoju, że nie musimy się uciekać do barbarzyńskich metod ochrony przed agresorami. Chyba że czegoś jeszcze nie wiemy o współczesnym terroryzmie.

Człowiek już na etapie embrionu posiada wszystko, co potrzebne jest do tego, by wiele lat później mogli siedzieć naprzeciwko siebie ksiądz Jan i Piotr. Czy wobec tego traktujemy embrion z godnością równą godności księdza Jana i Piotra?

Gdybyśmy się cofnęli o tysiąc lat z okładem i w kniejach między Poznaniem a Gnieznem złapali nieszczęsną Dobrawę, która była uprzejma współżyć z Mieszkiem I (po ślubie!), i wypłukali z jej dróg rodnych dopiero co zapłodniony embrion, zamrozili go w ciekłym azocie i odmrozili dopiero teraz, to mielibyśmy dziś oryginalnego Bolesława Chrobrego. Tak to po prostu działa.

Bardzo dużo obaw budzi manipulowanie przy komórkach.

Właśnie. Istnieje możliwość, żeby z niezróżnicowanej komórki pobrać jedną komórkę, manipulować w jej kodzie genetycznym i wszczepić ją tej z powrotem. W efekcie pozostałe komórki przejmą kod genetyczny tej zmienionej. To nie jest *science fiction*. Tu się otwiera ogromna dyskusja na temat zapłodnienia pozaustrojowego.

Aborcja: Konflikt wartości

Zwolennicy aborcji podkreślają, że często embriony się nie zagnieżdżają.

Jest to fakt biologiczny, który z filozoficznego punktu widzenia oznacza, że najprawdopodobniej zapłodnienie w takich przypadkach nie zostało zrealizowane w pełni, a co za tym idzie – nie mieliśmy do czynienia z osobą.

Dotykamy tego problemu, pytając o warunki dopuszczające do pobierania organów od osób zmarłych. Robimy to dopiero wówczas, gdy stwierdziliśmy, że ustał obowiązek terapeutyczny, co jest możliwe dopiero po spełnieniu szczegółowych procedur. Obecnie kluczowym kryterium jest śmierć mózgu określona według tak zwanej harwardzkiej definicji śmierci mózgowej. Istnieje środowisko, które kwestionuje to rozwiązanie. Do definicji harwardzkiej przekonuje mnie zgoda Stolicy Apostolskiej wyrażona w najniższej rangi dokumencie – Kościół zachowuje ostrożność, gdyż zdaje sobie sprawę z tego, że rozwój nauki może zmienić percepcję tego problemu.

Śmierć jest zjawiskiem dzielącym się na etapy. Obumiera mózg, łącznie z najbardziej pierwotnymi strukturami odpowiedzialnymi za odruchy bezwarunkowe (oddychanie, bicie serca). Można powiedzieć, że u kogoś zostały sztucznie przywrócone krążenie i impuls elektryczny z rdzenia kręgowego, ale rozpadła się „centrala". W efekcie żyją, lecz obok siebie, a nie jako jeden organizm, poszczególne organy: nerki, serce, płuca. Dla dobra innych osób, które można uratować, takie organy pozwalamy pobierać z ciał osób zmarłych. Kiedy nie mamy wątpliwości, że ustał obowiązek terapeutyczny, wtedy zyskujemy moralną pewność, że już nie mamy do czynienia z człowiekiem.

Oczywiście istnieją spore kontrowersje w tej materii. Na przykład dlaczego uznajemy obumarcie do pewnego odcinka pnia mózgu, a nie dalej. Pewnie specjaliści od medycyny ratunkowej i transplantologii potrafią to dokładnie wyjaśnić, ale ja nie jestem kompetentny. Starałem się zmierzyć z tego rodzaju kontrowersjami w książce pani Katarzyny Jabłońskiej.

Dramat aborcji polega na tym, że mamy do czynienia z dwoma osobami, a więc z dwoma godnościami. Czy niezależnie od etapu rozwoju osoby – embrion i człowiek dojrzały – te godności są równe?

Zacznę od wskazania manipulacji, jakiej dopuszczają się zwolennicy aborcji. Twierdzą oni, że katolicka etyka medyczna w sytuacji konfliktu życia matki i płodu zawsze na pierwszym miejscu stawia życie płodu. Nie jest to prawda.

W sytuacji zagrożenia życia podejmowane są starania, by prowadzić ciążę bezpiecznie dla obu osób najdłużej, jak to możliwe. W tym celu działają oddziały patologii ciąży. Krytyczny jest drugi trymestr. Na dalszych etapach dziecko jest już zdolne do samodzielnego życia poza organizmem matki. Minimalna waga urodzeniowa, w czasie kiedy przyszedłem na świat, wynosiła 1000 gramów. Urodziłem się, ważąc 980 gramów, a więc jako żywe poronienie. W późniejszych latach wagę urodzeniową stopniowo zmniejszano, aż zlikwidowano to pojęcie. Obecnie przeżywają dzieci – choć to też pytanie etyczne, w jakiej kondycji przeżywają – urodzone z wagą 380 gramów. Najmniejsze dziecko, o jakim wiem, które się urodziło i rozwija prawidłowo, przyszło na świat w Brazylii, ważąc właśnie 380 gramów.

Nie unikajmy tego pytania: gdzie leży granica walki o życie rodzącego się dziecka?

To pytanie powracało do mnie często, kiedy byłem członkiem komisji bioetycznej do spraw odstąpienia od uporczywej terapii dzieci. Czy stosować agresywne metody inwazyjne u dzieci wcześnie urodzonych? Czy nie jest to od razu terapia jatrogenna, czyli powodująca wzmożone cierpienie? Niekiedy dziecko ma nierozwinięte organy wewnętrzne.

Z etycznego punktu widzenia najtrudniejszy, jak już wspominałem, jest drugi trymestr ciąży. Jeśli wówczas dochodzi do konfliktu, to ostateczną decyzję podejmuje lekarz. Wyobraźmy sobie banalny przypadek. Kobieta podczas ciąży ma zapalenie wyrostka. Trzeba ją operować, ponieważ bez operacji z pewnością zginą dwie osoby: matka i dziecko. Często operacja kończy się szczęśliwie dla obu osób. Ale jeśli lekarz nie może uratować dziecka? W sytuacji gdy mieliby umrzeć matka i dziecko, lekarz ratuje życie matki. Przemawiają za tym różne okoliczności: szansa kolejnego zajścia w ciążę, wcześniejsze posiadanie dzieci, dla których kobieta jest matką.

Klasyczna teologia moralna powiedziałaby, że nigdy nie można dokonać aborcji. W jej świetle lekarz musiałby usunąć całą macicę z przydatkami z płodem w środku. Oznaczałoby to, że kobieta nie będzie już płodna. Takie podejście jest obecnie nie tylko archaizmem, ale też faryzeizmem. Medycyna daje nam dzisiaj możliwość operacji oszczędzających, na przykład w przypadku nowotworu macicy w czasie ciąży. Dlatego zastosowałbym tu rozszerzoną metodę podwójnego skutku. Lekarz nie operuje po to, żeby zabić dziecko, czyli nie działa bezpośrednio na rzecz zła, lecz działa, chcąc ratować oboje. I chociaż śmierć dziecka jest od początku prawdopodobna, to w sytuacji, w której nie ma innego wyjścia, jego zabicie nie jest celem. Na tym przykładzie widać, jak ważny jest apel o etycznych lekarzy.

Dodam, że zdarzają się też odwrotne przypadki. Niedawno media donosiły o kobiecie, która w wyniku wypadku straciła życie. Stwierdzono u niej śmierć mózgu. Kobieta była w ciąży. Podtrzymywano więc jej funkcje życiowe. Tym samym ciało kobiety przyjęło funkcję inkubatora dla dziecka. Nie było tu dylematu dotyczącego konfliktu życia i godności, a ciążę w odpowiednim momencie rozwiązano przez cesarskie cięcie.

Ustawa: Konkrety i niuanse

W polskim prawie aborcja jest dopuszczalna w trzech przypadkach. Po pierwsze, gdy płód jest ciężko i nieodwracalnie uszkodzony albo istnieje wysokie prawdopodobieństwo takiego stanu rzeczy.

Absolutnie nie ma z mojej strony zgody na akceptację tego warunku. To, że ktoś jest ciężko chory jeszcze przed urodzeniem, nie odbiera mu prawa do życia.

Dlaczego użył Ksiądz kiedyś sformułowania „eugeniczny faszyzm"?

Ależ to naprawdę jest eugenika! Proszę popatrzeć na społeczeństwa Zachodu. Tam już nie rodzą się dzieci z trisomią 21 chromosomu, czyli z zespołem Downa. Przypadki te diagnozowane są bardzo wcześnie i od razu kwalifikowane do aborcji. Zadaję więc pytanie: co jest ciężkim i nieodwracalnym uszkodzeniem płodu? Brak rączki, nóżki, w ogóle kończyn, deformacja, zajęcza warga, rozszczepienie podniebienia, przepuklina mózgowo-oponowa? Katolicką odpowiedzią na to pytanie jest hospicyjna opieka perinatalna. Zainicjował ją w Polsce docent Dangel w warszawskim hospicjum dla dzieci. Po traumatycznym doświadczeniu rodziców, którzy przez wiele lat starali się o dzieci, a gdy kobieta zaszła w ciążę, okazało się, że dziecko nie będzie miało większych szans na przeżycie, to tam rodzice znajdują odpowiednią opiekę.

Niektórzy podkreślają, że taki eugeniczny stosunek do dzieci staje się powszechniejszy ze względu na coraz częściej przeprowadzane badania prenatalne.

Badania prenatalne są dopuszczalne, ponieważ medycyna poszła już tak daleko do przodu, że wykrycie licznych chorób przed narodzeniem dziecka pozwala na przeprowadzenie skomplikowanych operacji (by wspomnieć tylko wewnątrzmaciczne operacje na otwartym sercu płodu). Widoczny staje się w tym kontekście pewien rodzaj schizofrenii medycyny. Ta sama medycyna z jednej strony potrafi dokonywać cudów terapeutycznych, a z drugiej w tym samym czasie, niejako drugą ręką, jest w stanie dybać na powstające życie i je unicestwić. Znów więc wraca pytanie o intencje i standardy etyczne.

Trzeba pamiętać, że badania prenatalne są różne, niektóre bardziej, inne mniej inwazyjne. Niezależnie od podejmowanego ryzyka mogą być wątpliwe moralnie ze względu na intencje. Niekiedy stoi za nimi postawa „Jak dziecko będzie zdrowe, to urodzę, jak chore – to usunę".

Inne okoliczności, które sprawiają, że w Polsce aborcja może być przeprowadzona legalnie, to ciąża będąca wynikiem czynu zabronionego. Chodzi o gwałt lub stosunek kazirodczy.

Sposób poczęcia nie ma wpływu na godność osoby. Jako katolicy musimy być w tym podejściu bardzo konsekwentni. Nie ma znaczenia, czy ktoś został poczęty w katolickim małżeństwie, pod kołdrą i po bożemu, czy w śmiałym seksie po pijanemu w kiblu na dyskotece.

Jeżeli w przypadku gwałtu mamy do czynienia z trzema osobami dramatu, to niewątpliwie niewinnymi ofiarami są kobieta i poczęte dziecko. I niech żaden idiota nie mówi, zwłaszcza prawicowy publicysta, że kobiety same prowokują do gwałtu. Takie słowa to hańba. W żadnych okolicznościach nie ma wytłumaczenia dla gwałtu. Winny jest ten, kto gwałci. A co się w takiej sytuacji dzieje? Najbardziej winny dostaje, jeśli w ogóle, lekko po łapach. Z całym humanizmem prawa. Niewinne dziecko jest zabijane, bo to stosunkowo łatwe, ono nie krzyczy. A kobiecie dokładamy kolejną traumę, bo zamiast wsparcia emocjonalnego i stworzenia warunków do tego, by mogła po urodzeniu oddać dziecko komuś, kto na nie czeka, otrzymuje złudną szansę „pozbycia się problemu", a wręcz jest niekiedy do aborcji przynaglana. Sprawa nieco się komplikuje w przypadku kazirodztwa. To, że ojciec, brat czy kuzyn jest chamem i pijakiem, który zgwałcił córkę, siostrę czy kuzynkę, nie zmienia faktu, że poczęte dziecko jest osobą i ma swoją godność.

W trzecim przypadku ciąża stanowi zagrożenie dla życia lub zdrowia matki.

Tu jest przypadek, który ewentualnie można zniuansować. Jestem, przysięgam, zdecydowanym przeciwnikiem aborcji, ale tu jest ujęte to, o czym mówiliśmy wcześniej. Niekiedy są sytuacje bez wyjścia, w których niepodjęcie działania – nawet mogącego spowodować śmierć dziecka – będzie oznaczać śmierć dwóch osób.

Proszę zobaczyć, co robi Fundacja Rak'n'Roll, którą założyła śp. Magda Prokopowicz, kiedy zachorowała na nowotwór. Przypadki kobiet będących w ciąży, które nagle wymagają gwałtownego leczenia onkologicznego, to w Polsce rzadkość. Fundacja znalazła lekarza, który prowadzi te trudne przypadki. Trudne to mało powiedziane. Ja ze swoim glejakiem nie mam takich dylematów jak te kobiety, co najwyżej mogę się leczyć lub nie. Natomiast te matki muszą dokonywać dramatycznych wyborów.

Czy leczyć się intensywnie i zaszkodzić swojemu dziecku, czy leczyć się mniej intensywnie albo odstąpić od leczenia, by dziecko było zdrowe? Jakiż to jest dramat! Urodzić dziecko i za chwilę je opuścić, bo przyjdzie nawrót choroby? Urodzić i opuścić dzieci, które już są na świecie, czy wziąć chemioterapię, przecież nie z założeniem zabicia dziecka, tylko z założeniem wyleczenia siebie? Odpowiedzi wcale nie są jednoznaczne.

Antykoncepcja: Na pewno coś pan wykombinuje

Dlaczego Kościół sprzeciwia się antykoncepcji?

Panie Piotrze, niech mi pan to wytłumaczy jako katolicki publicysta, bo może ja jestem zbyt tępy: przecież Kościół sam promuje naturalne metody planowania rodziny, a to jest antykoncepcja.

Ale sprzeciwia się sztucznej antykoncepcji.

Tak. Kościół sprzeciwia się antykoncepcji nienaturalnej. Dlaczego? Odmawiam odpowiedzi.

Ksiądz i bioetyk, dwa w jednym, musi mieć jakąś odpowiedź. Czy katolicy w małżeństwie mogą używać nienaturalnej antykoncepcji?

Chyba powinienem tu sięgnąć po taktykę przerzucania odpowiedzialności i powiedzieć: „Panie Piotrze, zna pan naukę Kościoła, posiada pan sumienie, czyta pan Pismo Święte. A do tego ma pan rozum, więc na pewno coś pan wykombinuje".

Nie odpuszczę i zapytam jeszcze raz. Może w ten sposób: jestem wierzącym i praktykującym katolikiem, który nie rozumie, dlaczego nie może w małżeństwie stosować sztucznej antykoncepcji.

To jest powszechny problem w Kościele. Wszyscy dobrze znamy encyklikę Pawła VI *Humanae vitae*, która była napisana pod dużym wpływem Karola Wojtyły i jego książki *Miłość i odpowiedzialność*.

Pół wieku temu jego podejście do płciowości było odkrywcze, dla niektórych wręcz oburzające. Ale od tego czasu sporo się zmieniło. Warto zwrócić uwagę, że Wojtyła, pozostawiając ten tekst ludziom ze swojego duszpasterstwa, sformułował prośbę, żeby te treści twórczo rozwijać. Rozwijać, a nie konserwować.

Czy możemy zaryzykować stwierdzenie, że gdyby Jan Paweł II żył w 2015 roku i był teologiem...

...i był jak wówczas niespełna czterdziestoletnim wykształconym i zaangażowanym księdzem, to inaczej rozłożyłby akcenty w tej książce. Być może. Pewne jest co innego: że jest to gdybanie.

Czy prowadził Ksiądz kiedyś, owiane złą sławą, kursy przedmałżeńskie?

Prowadziłem kursy przedmałżeńskie, ale chyba wyłamując się z *mainstreamu*. Opowieść o śluzie nie była w moim wydaniu kluczowa. Miałem przed sobą dorosłych ludzi. Byłem w stanie dokładnie im wytłumaczyć cykl naturalny kobiety i zaznajomić ich z naturalnymi metodami planowania rodziny. Zresztą w dobie internetu te informacje są powszechnie dostępne.

Zadałem sobie pytanie, co mogę narzeczonym zaproponować. Zdecydowałem się na to, żeby zachęcić ich do pewnej dojrzałości etycznej, również w sferze seksualnej. Chciałem także uczciwie im powiedzieć, że już jako małżonkowie katoliccy mają prawo unikać potomstwa.

Mają takie prawo?

Związek małżeński ma dwa cele: prokreacyjny i jednoczący. Mogą więc się kochać z intencją budowania jedności, a nie płodzenia potomstwa.

W jakiej kolejności Kościół ustawia te cele?

Jednego nie da się oddzielić od drugiego. Gdyby istniał tylko cel prokreacyjny, to można by uprawiać seks wyłącznie po to, aby w danym momencie zajść w ciążę. Jeśli istniałby tylko cel jednoczący, doszłoby – powiem jak katolicki fundamentalista – do zamknięcia się małżonków na poczęcie dziecka.

W dziedzinie bliskości nie wszystko da się wyliczyć i odmierzyć linijką. Pojawia się pokusa, żeby każdy aspekt opisać i zmierzyć. Sądzę, że najważniejsza w tym balansowaniu celów jest po prostu otwartość na przyjęcie dziecka nawet wówczas, gdy wcale go w danym momencie nie chcieliśmy począć. „Jeśli będziesz, będziesz mój". Na początku takie stopniowanie wymagań moralnych wydaje mi się dobrą postawą.

Z seksu w małżeństwie nigdy nie wolno zrezygnować. Im małżonkowie są bliżej siebie, im większą radość czerpią z intymnych kontaktów, i to w sposób piękny, który przynosi im satysfakcję, tym są bliżej siebie, a tym samym są bardziej przygotowani na przyjęcie konkretnej małej osoby.

Kiedy mowa o małżeństwie, które już ma dzieci i unika z jakichś względów, a już zwłaszcza zdrowotnych, poczęcia kolejnych, to przez seks dalej służy swojej rodzinie, bo buduje małżeńską jedność.

Czy katolik, który ma kilkoro dzieci, nie chce już kolejnych ze względu na sytuację finansową rodziny i sięga po prezerwatywę, jest grzesznikiem?

Słuchajmy papieża Franciszka. Nie zgadzam się ze stylem jego wypowiedzi („Katolicy nie muszą płodzić się jak króliki"), ale z duchem już tak. Zresztą i tutaj medialno-samolotowa wypowiedź papieża nie jest odkrywcza. W podobnym duchu, tyle że z większą elegancją i oficjalnie, wypowiadał się Jan Paweł II, a nawet Paweł VI.

Jako księdza inspiruje mnie ogólna zasada praktyki duszpasterskiej: na ambonie bądź lwem, czyli bardzo jasno wykładaj naukę Kościoła, ale w konfesjonale bądź barankiem. Są sytuacje, w których nigdy nie ma dobrego rozwiązania. Są dylematy, które na zawsze pozostaną w konfesjonale. Są sprawy, które zachowamy wyłącznie we własnym sumieniu lub poruszymy tylko w dialogu z Bogiem.

Co Ksiądz sądzi o przywoływanej co jakiś czas w dyskusjach sytuacji Afryki: prezerwatywa ma tam chronić przede wszystkim przed przenoszeniem chorób takich jak AIDS.

Nie jestem specjalistą od Afryki. Nie spodziewam się, żeby nasze rozumowanie moralne dało się łatwo zastosować w tamtym kontekście. Jestem za to przekonany, że w tym objawia się nasza europocentryczność – nie stosujmy europejskich kategorii do afrykańskich realiów. Raczej trzymałbym się tego, co powiedział Benedykt XVI – że być może w pewnych warunkach pandemii użycie prezerwatywy będzie krokiem w kierunku humanizacji stosunków seksualnych. To wielokrotnie przywoływana zasada stopniowania wymagań moralnych.

Po co jechać do Afryki? Wyobraźmy sobie rozpalonego hormonami osiemnasto-, dziewiętnastolatka, który jedzie swoim stuningowanym golfem na wiejską dyskotekę (z tym charakterystycznym umc, umc, umc). Tam spotyka Oliwię, Klaudię, Dżesikę lub Roksanę, która zmarzła na przystanku PKS w swojej minióweie i białych kozakach. Chce ją rozgrzać. I tu odbywa się pełen personalizmu dialog. „Cze". „Cze". „Fajna jesteś". „Ty też jesteś fajny". „Chcesz piwo?". „Jo". „No to cho". I udają się. On w białej obcisłej koszulce, która podkreśla mięśnie i sutki. Ona gotowa na wszystko. Do ubikacji. Tam w odpowiednim *entourage'u* – dymu papierosowego, woni uryny – w intymnej bliskości odbywają nerwowy stosunek na pisuarze. Ów młodzian opowiada swojemu duszpasterzowi na lekcji religii o zaistniałej sytuacji i pyta, czy z prezerwatywą to będzie grzech. Rozsądny duszpasterz odpowie: „Moje dziecko, nie mogę ci powiedzieć, że w tym przypadku włożenie prezerwatywy będzie dobre, ale z pewnością będzie bardziej odpowiedzialne, bo nie narazisz kogoś na poczęcie, byle gdzie, byle jak i z byle kim".

W moim odczuciu właśnie o to chodzi. By pokazać wszystkim, którzy decydują się na współżycie, że najważniejsza jest ta trzecia osoba, której wprawdzie jeszcze nie ma, ale może się pojawić i ma prawo do tego, by była poczęta chciana, akceptowana i kochana. Najlepiej w małżeństwie.

Czy małżonkowie, którzy nie mogą począć dziecka naturalnie i sięgają po metodę sztucznego zapłodnienia pozaustrojowego, postępują źle?

Małżonkowie, którzy korzystają z metody *in vitro*, mają za sobą zwykle już bardzo długą drogę starań o potomstwo. To powinno też stawiać do pionu naszą dyskusję. W gruncie rzeczy większym problemem niż nauczanie Kościoła o antykoncepcji w małżeństwie jest trudność z poczęciem dziecka, która dotyczy w tym momencie jednej trzeciej par w Polsce. Rozmawiając o tym, natrafiamy też na mur uprzedzeń. Nie trzeba być katolickim fundamentalistą, by zrozumieć, że część przyczyn tego stanu rzeczy leży po stronie samego tylko używania bądź niewłaściwego stosowania antykoncepcji.

Jeżeli nastolatka ma tak liberalną atmosferę w domu, że zaczyna łykać tabletki hormonalne już w liceum, potem zmienia partnerów, późno się stabilizuje, a o dziecku zaczyna myśleć, mając dwadzieścia osiem lat, to jej organizm może się zbuntować. Każdy uczciwy ginekolog powinien przypominać pacjentkom, że antykoncepcję hormonalną trzeba co jakiś czas odstawiać, żeby kobiecie powrócił cykl w naturalnym rytmie. Inaczej zaczynają się schody. Kobiety rodzą coraz później, tracąc najlepszy do tego z biologicznego punktu widzenia czas. Wobec tego późne ciąże wymagają coraz liczniejszych badań prenatalnych.

Do tego dochodzą również błędy mężczyzn: laptopy na kolanach, komórki w kieszeniach spodni i wszystko to, co może szkodzić naszym jądrom, plus palenie papierosów i życie w nieustannym stresie. Plemniki stają się przez to coraz mniej wartościowe, mniej liczne i słabsze. Ejakulat, by można go było ocenić pod kątem badawczym, musi regenerować się przynajmniej 72 godziny. Tymczasem coraz większa liczba mężczyzn jest uzależniona od pornografii i regularnej masturbacji. Ich nasienie w czasie współżycia jest w efekcie niepełnowartościowe.

Stąd zwiększone zapotrzebowanie na robienie różnych badań. Kolejny kontrowersyjny temat.

Kościół ocenia, że badanie spermy jest nieetyczne, ponieważ pozyskuje się ją w efekcie masturbacji. Mam z tym problem. Kuriozalnie i faryzejsko wygląda pomysł z tak zwaną katolicką prezerwatywą (prezerwatywa ze zbiorniczkiem na spermę, mająca jednak minimalny otwór, by „nie obezpłodnić" i tak bezpłodnego stosunku). Tymczasem ekstremiści proponują punkcję jądra, która nie odpowiada na część pytań diagnostycznych, ponieważ w jądrach powstają plemniki, ale ejakulat, czyli tę szarą zawiesinę, produkują bańki nasienne połączone z nasieniowodem. Niech Watykańczyk, który się pod tym podpisał, będzie pierwszym odważnym. Mnie na samą myśl już boli. Nie rozumiem stanowczości Kościoła w tym zakresie, zwłaszcza gdy jednocześnie dopuszczamy wspomagane metody rozrodu, o ile miał miejsce stosunek, i pomagamy plemnikowi dotrzeć do komórki jajowej bez żadnych manipulacji. Tylko jak to wtedy wygląda: małżonkowie muszą odbyć stosunek w klinice, co raczej nie jest przyjemne, albo zaraz po stosunku lecieć do szpitala. Plemnik – by pomóc mu dotrzeć do komórki jajowej – wyłapywany jest albo przezpochwowo, albo częściej przez brzusznię, co wiąże się z koniecznością wprowadzenia laparoskopu. Litości! Ci nieszczęśni mężczyźni, w jakimś sensie zmuszeni do masturbacji w tych obrzydliwie sterylnych, klinicznych pokojach, ze smutną kupką pornografii, wcale nie są szczęśliwi ani nie robią tego z rozwiązłości. Chcą się jedynie zbadać, żeby odpowiedzieć sobie na pytanie, czy mają się leczyć, czy istnieje jakakolwiek szansa, by zostali ojcami. Chcą spróbować odnaleźć, co często ma związek z ich męskim poczuciem godności, choćby pojedyncze plemniki.

Jak pomagać parom, które nie mogą mieć dzieci?

Jeszcze niedawno uznawano, że para powinna się leczyć, jeżeli współżyje regularnie bez zabezpieczeń dwa, trzy razy w tygodniu przez okres jednego roku i nie dochodzi do poczęcia. Obecnie ten okres wydłużono już do dwóch lat. Małżeństwu, które ma problemy z poczęciem, trzeba najpierw zadać dwa pytania: czy znają biologię cyklu kobiety oraz czy wiedzą, jak dbać o zdrowie prokreacyjne. Jeżeli są wszystkiego świadomi, jeżeli diagnostyka wskazuje, że teoretycznie powinni móc spłodzić potomstwo, to wówczas zaczyna się dramat. Małżonkowie zaczynają współżyć wyłącznie dla efektu prokreacyjnego, każdy kolejny okres kobiety jest odbierany jako porażka, mąż i żona podlegają coraz większemu stresowi, który sprawia, że zajście w ciążę jest coraz trudniejsze – koło się zamyka.

Wszelkiej maści moralizatorom odradzam wchodzenie z butami w ludzką intymność. Przywołuję słowa kardynała Waltera Kaspera, który podkreśla, że doktryna zawsze pozostanie niezmienna, ale dyscyplina, zwłaszcza w konkretnych przypadkach, może ulegać modyfikacji. Tu nie mamy do czynienia ze sprawami doktrynalnymi, lecz dyscyplinarnymi.

In vitro: Szereg problemów

Nie odpowie mi Ksiądz wprost na pytanie o *in vitro*?

In vitro budzi moje ogromne wątpliwości.

W odpowiedzi na moje pytanie zwrócił Ksiądz uwagę na proces, który prowadzi często właśnie do wyboru tej metody zapłodnienia.

Sprzeciwiam się *in vitro*. Mówię to bez mrugnięcia okiem. Podkreślam jeszcze raz: osoby poczęte metodą *in vitro* są akceptowane i kochane. Sposób poczęcia nie ma wpływu na godność osoby. Sprzeciw Kościoła wobec tej metody nie jest uderzeniem w osoby nią poczęte. Chodzi o szereg problemów, z jakimi związana jest sama procedura.

Jakich problemów?

Powstają nadliczbowe embriony. Z ich przechowywaniem, mrożeniem, ewentualnym odmrażaniem mogą być poważne problemy, bo zbyt krótko obserwujemy proces zamrażania i odmrażania, by zebrać miarodajne dane. Najstarsze dziecko poczęte metodą *in vitro* jest w moim wieku. Niektórzy twierdzą, że embriony i komórki macierzyste są wykorzystywane do eksperymentów medycznych albo do produkcji kosmetyków. Nie mam takiej wiedzy z potwierdzonych źródeł. Rodzi się też pytanie, czy można być „właścicielem" embrionów.

Kiedy oderwiemy akt poczęcia od kontynuacji ciąży, to generujemy niezliczoną ilość dylematów. Wyobraźmy sobie małżonków, którzy zostali rodzicami w wyniku procedury *in vitro*, mają kilka zamrożonych embrionów, rozchodzą się. Kobieta chce zostać matką, a mężczyzna nie chce już mieć z nią dzieci. Czy można się tymi embrionami podzielić? Czy można je sprzedać? Czy można je oddać swej niepłodnej siostrze? Pamiętam dyskusję, jaką prowadziłem z polską parą mieszkającą we Francji. Mieli kilkoro dzieci z *in vitro* oraz kilka zamrożonych embrionów. Żona nie mogła już więcej razy zajść w ciążę. Co mieli zrobić z zamrożonymi embrionami? Mówiłem im, że są to, w moim odczuciu, ich dzieci. On oponował. Mówił, że to „mrożonki". Ale kiedy zasugerowałem, aby je sprzedał, zareagował, wyrażając naturalny sprzeciw.

W Wielkiej Brytanii pojawiło się zjawisko adopcji embrionów. Stolica Apostolska wypowiedziała się o nim negatywnie. Wydawałoby się, że to przecież słuszna idea: skoro adoptujemy dzieci, to możemy adoptować je także w fazie prenatalnej. A jednak bioetycy katoliccy krytykują takie rozwiązanie. Gdy to słyszę, boli mnie serce. Na szczęście bioetyka i teologia moralna są nauką i można z nimi dyskutować.

Czy nie ma Ksiądz wrażenia, że Kościół – tak aktywny w debacie publicznej, gdy chodzi o troskę o życie nienarodzone – pozostawia kobietę samą wraz z pojawieniem się dziecka na świecie?

Troska Kościoła o życie poczęte kończy się na łonie matki.

Teraz radź sobie sama?

To problem powszechny. W Polsce wciąż nie ma żadnej ustawy bioetycznej. Opowiadam się za ustawą, która nie dopuszcza tworzenia nadliczbowych embrionów, a zatem również ich mrożenia; nie pozwala na korzystanie z gamet nieznanych osób lub osób trzecich (niemałżonków); i nie dopuści instytucji surogatek (kobiet wynajmujących swój brzuch do donoszenia ciąży) ani ciąż na życzenie dla par jednopłciowych.

Niektóre sytuacje sprawiają, że popadamy w absurd. Przykład: Pan Bóg jest homofobem i para gejów nie może przez to mieć dzieci. Ale może poprosić parę lesbijek o przysługę: zapłodnienia i urodzenia dziecka. Albo po śmierci rodziców któreś z dzieci przypomniało sobie, że po mamie pozostały jeszcze zamrożone embriony: czy można urodzić własną siostrę? A może cioteczną babkę? Poza tym jak daleko posuniemy się w manipulacjach? Już teraz na poziomie diagnostyki preimplantacyjnej może dochodzić do ingerencji w takie cechy, jak kolor oczu i włosów, a nawet inteligencja. To mnie przeraża.

W przypadku aborcji został osiągnięty jakiś rodzaj kompromisu. Podobnie musi być w przypadku ustawy bioetycznej. Nie możemy wprowadzić szariatu, musimy osiągnąć jakieś porozumienie. Niczego nie relatywizuję. Kompromisy zwykle są zgniłe etycznie. Ale ich intencje są klarowne. Chcemy ochronić tyle dobra, ile to możliwe.

Wracając do istoty pytania: dbałość o godność osoby już urodzonej w polskiej rzeczywistości i w polskim Kościele jest mniejsza niż dbałość o życie nienarodzonych. Nie można jednak nam, chrześcijanom, odmówić zaangażowania na rzecz opuszczonych, sierot i chorych. Większość z zadań w tej sferze, którym nie potrafi sprostać państwo, jest realizowana przez religijne instytucje charytatywne. Przecież tak samo jest z puckim hospicjum.

Ale wystarczy, że dotknie cię jakaś nieduża niepełnosprawność, inność, to twoja godność staje się jakby mniej wartościowa. Oczywiście patrzę przez pryzmat własnych przeżyć. Pamiętam, jak trudno było mi zostać księdzem z powodu niepełnosprawności.

Ten mechanizm zdarza się również dziś. Często pewne formy niepełnosprawności są przeszkodą do tego, by mężczyzna został przyjęty do seminarium.

Myślę, że w tym względzie Kościół staje się coraz bardziej otwarty, rozumiejący. Kiedy sam byłem już księdzem, zadzwonił do mnie arcybiskup Gocłowski: „Janie, zgłosił się do mnie kandydat do seminarium, jest na wózku. Jak myślisz, przyjąć go czy nie?". „Księże arcybiskupie, gdybym miał podjąć tę decyzję, to byłaby ona pozytywna, o ile jest możliwość, żeby dostosować jego pokój tak, by mógł uczestniczyć w całym życiu seminaryjnym. Oczywiście musi spełniać warunki intelektualne. A potem trzeba już względem niego stosować dokładnie takie same wymagania jak wobec innych kleryków. Jak będzie nierób, to wyrzucić".

Z tego, co wiem, ten konkretnie kandydat nie został przyjęty. Ale już sama wola, by mu umożliwić tę drogę, jest dla mnie znacząca. Wciąż mam przed oczami Jana Pawła II święcącego kandydata na diakona na wózku. Ostatnio też spotkałem się z przypadkiem w diecezji płockiej: umierający diakon został wyświęcony na księdza.

Kara śmierci: Skutek nieodwracalny

Nawet jeśli nie można odebrać człowiekowi godności, to można mu odebrać życie, czemu służy kara śmierci.

Katolickie podejście do kary śmierci zmienił Jan Paweł II, który z pełnym przekonaniem stwierdził, że żadna kara nie może odebrać winowajcy jego niezbywalnej godności wynikającej z faktu, że jest człowiekiem.

Dawniej Kościół konkludował, że prawowita władza publiczna w przypadku najcięższych zbrodni, kiedy tożsamość i wina winowajcy nie ulegają wątpliwości, może sięgnąć nawet po karę główną. Kara śmierci była więc dopuszczana po spełnieniu szeregu kryteriów, które musiały wystąpić łącznie. W polskim kodeksie karnym dopuszczalna była kara śmierci w przypadku zabójstwa (art. 148, § 1 kk), zabójstwa kwalifikowanego (tzn. ze szczególnym okrucieństwem lub z pobudek zasługujących na szczególne potępienie) albo zabójstwa wielu osób i przy użyciu broni palnej (art. 148, § 3 i 4). Obecnie w jej miejsce stosuje się dożywocie.

Jan Paweł II, co często jest zarzewiem sporu, wcale nie twierdził, że kara śmierci jest niedopuszczalna.

Nie powiedział tego w sposób kategoryczny. Wprowadzając korekty do katechizmu, papież wyraził przypuszczenie, że choć prawowita władza publiczna w przypadku najcięższych zbrodni, kiedy tożsamość i wina winowajcy nie ulegają wątpliwości (wszystkie te przesłanki trzeba traktować łącznie, co jest bardzo trudne, na przykład czy reżim na Białorusi jest prawowitą władzą?; podobnie prawo w Teksasie, któremu można zarzucić, że zostało wprowadzone wprawdzie demokratycznie, ale na skutek emocjonalnej manipulacji), ma prawo sięgnąć po zdecydowane środki, nie wyłączając kary głównej. Jednakże współcześnie – spekuluje JPII – instytucje penitencjarne osiągnęły taki poziom rozwoju, że konieczność ostatecznego usunięcia winowajcy jest rzadka, a może nie występuje wcale. Jego uśmiercenie byłoby uzasadnione wyłącznie w sytuacji aktualnego zagrożenia dla życia innych osób. Gdyby ruszył pan na mnie teraz z nożem, nie mogę dać się zaszlachtować, lecz mam obowiązek uczynienia wszystkiego, by się przed pana atakiem obronić, również – jeśli to jedyne wyjście – za cenę pana życia. Z etycznego punktu widzenia niesprawiedliwy agresor staje się winny w dwójnasób. Próbował zabić ofiarę, a zginął sam.

Czy jako cywilizowane społeczeństwo musimy wytaczać całą machinę państwa przeciwko uwięzionemu przestępcy? Takie ekstremalne sytuacje mogłyby się zdarzyć na przykład podczas wojny lub rewolucji, kiedy nie jesteśmy w stanie odseparować wszystkich morderców lub natrafiamy na szpiega, który stanowi bardzo duże zagrożenie dla dobra ogółu. Część moralistów, w tym ojciec Tadeusz Ślipko SJ, wychodzi z założenia, że skoro dusza jest nieśmiertelna, to kara śmierci zabiera człowiekowi tylko pewną własność, czyli ciało. A więc kara nie jest tak naprawdę unicestwieniem człowieka, lecz odebraniem mu czegoś – a na mechanizmie odbierania dóbr opierają się kary. Złodziejowi konfiskujemy majątek, bandycie odbieramy wolność.

To myślenie tomistyczne. Akwinata twierdził, że zbrodniarz się odczłowiecza przez zbrodnię. Współcześnie tego poglądu nie podzielamy. Jeżeli przyjąć myślenie tomistów (w tym także ojca Ślipki), to łatwiej nam zrozumieć, dlaczego przy egzekucjach asystowali kapłani. Odbieramy wprawdzie skazańcowi dobro, jakim jest ciało, ale do końca walczymy o jego duszę, o zbawienie.

Zgadza się Ksiądz z takim podejściem do sprawy?

Ten sposób myślenia jest moim zdaniem nie do obronienia, jeśli tylko znamy skalę pomyłek sądowych. Mówimy przecież o karze, której skutki są – w przeciwieństwie do innych – nieodwracalne. Nie wspominając już o tym, jak nieludzkie jest to postępowanie.

Wystarczy obejrzeć *Krótki film o zabijaniu*. Krzysztof Kieślowski pokazał obok siebie dwie zbrodnie: najpierw zabójstwo taksówkarza dokonane z najniższych pobudek, a później zabójstwo tegoż mordercy przeprowadzone w majestacie prawa. Ten obraz jest porażający.

Pojęcie godności osobowej również w tej sytuacji ma swoje konsekwencje. Kiedy przestępca, nawet taki potwór jak Anders Breivik (abstrahuję od jego sytuacji klinicznej i warunków, w jakich odbywa karę), łamie nogę, to nie mówimy mu: „Dobrze ci tak, gnoju", tylko podajemy mu środek znieczulający i wkładamy nogę w gips. W momencie gdy sami zaczniemy posuwać się do nieludzkiego traktowania, przegrywamy moralnie – jako społeczeństwo, jako Kościół, jako cywilizacja. Kara zakłada odpłatę, ale odpłata nie może być zimną zemstą, zwłaszcza w Kościele.

AUTORYTETY

albo bliskość

czyli rodzinna lekcja miłości, mądrości i wiary,
a także świadectwo laickich świętych
i świętego wyniesionego na ołtarze,
który miał do siebie wieczne „ale”,
oraz opowieść o zatkanych uszach

Pierwsza Komunia Święta. Sopot, 1985 r. – fot. z archiwum Autora

Rodzina i przyjaciele: Obecność

Kto jest dla Księdza autorytetem?

Moimi największymi autorytetami są rodzice. Ojciec w kwestiach moralnych. Ufam mu bardziej niż sobie. Ma wyczucie, które w sytuacjach kryzysowych wielokrotnie pozwoliło mi wystudzić emocje i podjąć słuszną decyzję. Z wieloma rzeczami, które napotykałem, nie zgadzałem się, przeciwko części z nich się buntowałem. „Odpuść" – mówił ojciec. Od niego nauczyłem się, że trzeba próbować nie wchodzić w bezsensowne konflikty. Pokazał nam, że można się z czegoś wycofać i nie traktować tego jako ujmy na honorze. Nie wszystko trzeba forsować za wszelką cenę. Ważne są podstawowe wartości: dobroć, miłość, bliskość i poczucie sensu. Kiedy mam jakiś dylemat, to często dzwonię do Ziuka i pytam go, jakie ma zdanie o danej sprawie.

Natomiast mama, o której też już trochę opowiedziałem, jest dla mnie największym autorytetem w kwestiach związanych z miłością. Jest mi bardzo bliska. To ona nauczyła mnie, czym jest miłość, ale równocześnie wpoiła mi, że muszę dużo wymagać od samego siebie. Ma też niezwykłą intuicję do ludzi. Z Filipem – moim bratem – zazdrościmy jej tego.

Babcia jest dla mnie autorytetem w sprawach wiary i Kościoła. Z kolei mój brat jest niezrównany w sprawach finansowo-budowlanych i personalnych. Pomaga mi robić biznesplany, podpowiada, jak się odnaleźć na rynku. Natomiast moja siostra jest po prostu niezastąpiona we wsparciu emocjonalnym i tego się od niej stale uczę. Nie wiem, jak to robi, że jest zawsze obecna wtedy, gdy jej potrzebuję. Nie wiem także, jak udaje się jej być matką, żoną i szefową dużej spółki, do tego lubianą szefową.

Mam to szczęście, że w rodzinie otaczają mnie osoby, które w tylu różnych dziedzinach są dla mnie autorytetami.

Muszę też wspomnieć w tym miejscu o ludziach niezwykłych. To rodzina Francuzów, których obecność na moich prymicjach była dla mnie ogromnie ważna. Małżonkowie, Anne i Philippe. To niezwykle silni ludzie. O ich rodzinie można powiedzieć – to hiobowa rodzina. Adoptowali trójkę dzieci. Ich córka Benedicta okazała się obciążona tak poważną chorobą psychiczną, że po latach walki dla ich i jej bezpieczeństwa musi niemal na stałe przebywać w zakładzie. Wtedy kiedy jest w domu, potrafi wyskoczyć z pierwszego piętra i połamać sobie nogi. Najmłodszy syn, adoptowany jako kilkulatek, obecnie już dorosły mężczyzna, jest opóźniony w rozwoju intelektualnym i emocjonalnym. Mieszkają w malutkim miasteczku niedaleko Lyonu. Antoine tylko tam umie się odnaleźć. I jeszcze John, najstarszy, pochodzi z Brazylii. Z nim wiązano największe nadzieje. Zupełnie zdrowy. Wpadł w złe towarzystwo (południe Francji, arabscy koledzy, problemy ze szkołą i narkotykami). Wreszcie wszystko zaczyna się układać. Kończy szkołę. Znajduje dziewczynę. Zły czas minął. Ginie na motorze kilka kilometrów od domu. Anne codziennie jeździ tą trasą, nie mogąc się wyprowadzić ze względu na Antoina. Pozostali wierzący (tak po francusku). Małżeństwo, choć trzeszczało, przetrwało tę próbę. Nie są sfrustrowani i zgorzkniali. Zawsze skorzy do pomocy. Jeśli są współcześni święci, to właśnie ta dwójka, współczesnych, laickich świętych. Ich wiara się nie zachwiała. Choć do kościoła chodzą tylko wtedy, kiedy ich odwiedzę.

Kościół: Pokora, intelekt i świętość „pomimo"

A autorytety z życia publicznego? Może zacznijmy od osób wyniesionych na ołtarze.

Dopiero ostatnio odkryłem, jak niesamowitym człowiekiem był Jan XXIII. Pomimo wszystkich wielkich urzędów, które obejmował, pozostał bardzo prostolinijnym człowiekiem. Nie zniszczyła go pycha, zawsze miał do siebie jakieś „ale". Ujmuje mnie dystansem, jaki zachował do własnej osoby. Kilkakrotnie znalazł się w bardzo trudnych sytuacjach i umiał stawić im czoła. Nawet papiestwo nie zawróciło mu w głowie, chociaż podówczas mogło tak być, bo papieże ubierali się wtedy jeszcze w pióra, zakładali koronę, byli noszeni w lektyce. To wreszcie człowiek, który z wielką miłością i mądrością wprowadził Kościół w okres reformy. Nie bał się wziąć na swoje barki odpowiedzialności. Już w młodości prowadził *Dziennik duszy*, w którym był dla siebie bezlitosny, a równocześnie normalny. Urzekło mnie, jak w pewnym momencie zwrócił się do świeckiego pracownika kurii, który zgodnie z ówczesnym zwyczajem klękał przed papieżem: „Umówmy się tak: jak tutaj przyjdziesz, to uklękniesz przed Panem Jezusem i powiesz Mu «dzień dobry» i na koniec dnia też uklękniesz przed Panem Jezusem, nie przede mną, bo ja jestem tylko papieżem". Miał zaufanie do Ducha Świętego i rozruszał skostniały instytucjonalny Kościół. Kontynuując reformę liturgiczną rozpoczętą już za czasów sługi bożego Piusa XII.

A święty Jan Paweł II?

Bliska jest mi jego postawa nieukrywania własnego cierpienia. Nie wstydził się przed kamerami, kiedy leciała mu z ust ślina. Pokazał, że człowiek może zachować jasność umysłu, mimo że Bóg nie oszczędzał mu niczego, odbierał poszczególne atrybuty bycia porywającym tłumy kaznodzieją i po prostu sprawnym człowiekiem. W momencie kiedy chciał coś powiedzieć, a z rurki tracheotomijnej wydobył się tylko charkot, potrafił pokazać więcej niecierpliwym ruchem ręki, niż mówiąc osiem homilii. Tym gestem potwierdził wówczas, że chce być i działać do końca. Kiedy zamierzano wykadrować go w telewizji, żeby nie było widać jego trzęsącej się ręki, nie zgodził się, chciał być prawdziwym wobec ludzi. Jest odpowiedzią mocnym głosem w sporze o eutanazję, heroicznym przykładem. Nie skorzystał też z daremnej terapii, kiedy 2 kwietnia proponowano mu podłączenie pod sztuczną nerkę i dializę. Technicznie byłoby to możliwe. On nie chciał. W etyce nie wszystko, co technicznie możliwe, jest dopuszczalne i godziwe. I jeszcze na sam koniec owo słynne (jeśli prawdziwe): „Pozwólcie mi odejść do domu Ojca", które należy odczytywać jako prośbę o odstąpienie od terapii daremnej. W tych sprawach papież był święty i doskonały. Co nie znaczy, że nie miał żadnych wad. Tylko dyktatorzy ich nie miewają.

Karol Wojtyła jest bliski mojemu sercu, bo to w końcu „nasz papież", chyba aż nadto „nasz". Pewnie ta „naszość" przysłania nam dziedzictwo, które pozostawił. Uważam, że jego pierwsze encykliki są bardzo znamienne. *Redemptor hominis* to kamień milowy w jego pontyfikacie. Jan Paweł II miał wkład nie do przecenienia w bioetykę, która bezpośrednio mnie interesuje. Ale unikam manii, której papież też chciał uniknąć, owego „zapapieżenia": zapapieżyliśmy Polskę pomnikami. Wszystko, czego papież dotknął, musi być wspaniałe. Otóż niekoniecznie.

Ma Ksiądz coś konkretnego na myśli?

Nie wszystko, co zrobił Jan Paweł II, było idealne. Na przykład sposób prowadzenia Kościoła. Nie wiem, z jakich przyczyn, ale nie zapanował nad biskupimi nominacjami.

Ma Ksiądz na myśli nominacje w ogóle czy tylko te dotyczące Polski?

W Kościele jedna zła nominacja implikuje szereg innych. Dotyczy to również naszego kraju. Jan Paweł II pod tym względem nie miał dobrej ręki do ludzi. Nie był najlepszym zarządcą. Być może w zbyt wielu sprawach rządziła za niego kuria. A jednocześnie nie sposób wymagać od papieża, żeby zajmował się dosłownie wszystkim. Przez to mieliśmy do czynienia na przykład z ogromną wpadką z legionistami Chrystusa i ich przełożonymi. Powiedzmy sobie szczerze, że skandale, które się wydarzyły, z arcybiskupem Paetzem czy eksarcybiskupem Wesołowskim, są również jakimś pokłosiem tego pontyfikatu.

Nigdy nie będę podważał świętości Jana Pawła II. Jestem jej pewien. To był człowiek wyczulony na drugą osobę. Do tego miał ogromny pozytywny wpływ na politykę, społeczeństwo, kulturę i filozofię, w ogóle na kulturę życia. To, co mówiłem o etyce, wypracował Jan Paweł II swoim nauczaniem: jasnym stawianiem sprawy, często bardzo ostro, kiedy mówił o cywilizacji życia i cywilizacji śmierci. Różne czasy wymagają różnej narracji i papież Jan Paweł II, wielki święty, był wtedy potrzebny. Bogu niech będą dzięki za to, że daje Kościołowi odpowiednich pasterzy w odpowiednim czasie.

A czy następcy – Benedykt XVI i Franciszek – są Księdza zdaniem „na swoim miejscu". Są tak bardzo różni. Który z nich jest Księdzu bliższy?

Zdecydowanie jest mi bliższy papież Benedykt. Trudno mi oceniać papieża Franciszka po dwóch latach pontyfikatu. Natomiast Benedykt XVI imponuje mi intelektem, duchowością i skromnością. Tak, skromnością. Ludzie, którzy patrzą na Kościół powierzchownie, widzieli tylko przepych starych szat i podniosłość pieczołowicie sprawowanej przez niego liturgii. Skromność pokazał zwłaszcza w momencie abdykacji. W sposób mądry i zrównoważony wypowiedział bezpardonową wojnę pedofilii w Kościele. To za jego pontyfikatu do stanu świeckiego zostało przeniesionych czterystu księży dopuszczających się tych czynów. Przy tym nie robił tego na oczach kamer, tylko z wewnętrznym przekonaniem o konieczności uleczenia Kościoła. Uważam, że został przez współczesnych oceniony bardzo niesprawiedliwie, a historia przyzna mu rację. Wydał raptem dwie i pół encykliki, ale zwróćmy uwagę, jakie one są precyzyjne! To dokumenty, którymi można się karmić i karmić wciąż od nowa. Także nie był wolny od błędów. Na przykład podczas soboru jako młody teolog zachłysnął się nowością. Ale miał na tyle klasy, by później przypomnieć o hermeneutyce ciągłości: nie jesteśmy właścicielami prawd wiary, a jedynie ich depozytariuszami. Musimy umieć przekazać ten skarb kolejnym pokoleniom. Dlatego tak bardzo lubię w Kościele Tradycję, ale przez to rzeczywiste, duże „T".

Wobec tego jak Ksiądz odebrał rezygnację Benedykta XVI z urzędu?

Początkowo nie rozumiałem tego kroku, wręcz się na papieża zezłościłem, od razu przypomniało mi się porzekadło: „Polak pracuje do śmierci, a Niemiec do emerytury". Jednak ta ocena okazała się błędna. Benedykt XVI rzeczywiście nie miał siły do dalszej pracy. Abdykował – dlaczego miałbym mu nie wierzyć – po długim namyśle i długiej modlitwie. To pierwszy taki przypadek od ośmiu wieków.

Teraz mamy fenomenalny czas, kiedy modlimy się za naszych papieży, urzędującego Ojca Świętego i papieża emeryta, który zdjął swoją pelerynkę, ale służy Kościołowi radą i modlitwą, co podkreśla Franciszek. Te dwie osoby jakoś się, mam nadzieję, dopełniają.

Jak ocenia Ksiądz polską recepcję pontyfikatu Franciszka?

Obawiam się, że – zwłaszcza my, duchowni – wcale nie chcemy dokonywać żadnej recepcji. Wolimy nie słyszeć papieża Franciszka. Cieszymy się, cały czas do niego machamy, ale jednocześnie zatykamy uszy. W Rzymie jest dzielnica żydowska, getto, a w niej kościół, do którego Żydzi zmuszeni byli przyjść raz do roku słuchać kazania, którego zadaniem było ich nawrócić. Słuchając go, ostentacyjnie zatykali uszy. Odnoszę wrażenie, że podobnie my zachowujemy się wobec Ojca Świętego Franciszka, kiedy wzywa nas, żebyśmy byli skromni, ubodzy, otwarci na biednych, najbardziej potrzebujących. Udajemy, że nie słyszymy, kiedy on z pokory i szacunku dla innych nie udziela błogosławieństwa, mówiąc: „Błogosławię was w sercu, ponieważ na tej sali mogą być osoby niewierzące". Wielka, wielka klasa.

Papież Franciszek mówi bardzo mocne rzeczy skierowane do ludzi będących w Kościele. Znajomy ksiądz, który sporo jeździ po Polsce, twierdzi, że wzrasta w naszym kraju wśród duchowieństwa opinia, że „przyszedł Franciszek i ciągle coś miesza, czegoś się czepia, czegoś wymaga. Ale jak przyjdzie jego następca, to powinien być już święty spokój".

Obawiam się takiego podejścia do tego pontyfikatu, ale nawet bardziej w Watykanie niż w Polsce: „Trochę się trzeba przyczaić, przeczekać – przeżyjemy". Otóż nie: tymi ważnymi rzeczami, o których mówi Franciszek, trzeba się przejąć.

Początkowo byłem zadziwiony, że papież nie zabiera głosu w sprawach bioetycznych, które są mi bliskie. Kiedy wprowadzono eutanazję dzieci w Belgii, nie odniósł się do tego. Nie podejmuje, jak jego dwaj wielcy poprzednicy, ostrej polemiki ze współczesnym światem, lecz kieruje wysiłek na naprawę Kościoła od wewnątrz, żeby ten był silniejszy, bo *verba* tylko *docent*, a *exempla trahunt* – musimy być maksymalnie zdrowi wewnątrz, a to się przełoży na skuteczność na zewnątrz. Wie, że wówczas Kościół będzie skuteczniejszy w przekazywaniu światu swej misji.

Mam wrażenie, że Franciszek nie jest Księdza „faworytem".

Ufam, że każdy czas w Kościele ma swojego papieża i wierzę w asystencję Ducha Świętego. Ale nie ukrywam, że są pewne rzeczy, które mnie niepokoją. Nie chodzi mi o mówienie „dzień dobry", „do widzenia" zamiast słów błogosławieństwa – to są szczegóły. Zmartwiło mnie, i nie zrozumiałem tego, że papież Franciszek – bez głębszego namysłu – ogłosił wolę potencjalnej rezygnacji. Można odnieść wrażenie, że tym samym chciał wprowadzić pewną niepisaną regułę obowiązującą następców.

Każdy papież jest autonomiczny i jako najwyższy autorytet w Kościele ma w nim władzę powszechną i bezpośrednią. Także gdy idzie o przebieg własnego pontyfikatu. Sugerowanie, że od Benedykta wszyscy papieże będą abdykować, jest nieuprawnione, a z punktu widzenia kościelnego to zasada, która kompletnie paraliżuje prace kurii rzymskiej. To zaproszenie do postawy: „Przeczekajmy, nie przejmujmy się reformami czy tym, co papież mówi". Tak działa każda instytucja. Gdyby pański szef zapowiedział, że za rok zakończy pracę, a równocześnie bardzo by czegoś od pana wymagał, co by burzyło pański święty spokój, to co by pan zrobił jako doświadczony pracownik korporacji? Przyczaiłby się pan pod kaloryferem, w ciepełku i w ciemności, schodziłby pan szefowi z oczu i jednocześnie, łypiąc korporacyjnymi ślepiami, czy koledzy nie odgryzają panu ogona, wykonywał ruchy pozorne, obserwował bladnące lico szefa i mówił: „Jeszcze trochę. Przeczekamy".

Mówię to z prawdziwej troski o Kościół. Ojciec Święty, wypowiadając takie słowa *ad hoc* na pokładzie samolotu, obniża – być może nieświadomie – skuteczność działań reformatorskich w Kościele niemal do zera.

Polska: Lista niewyczerpana

A jacyś ważni ludzie spoza Watykanu? Może przenieśmy się na polskie podwórko.

Autorytetem był dla mnie ksiądz Józef Tischner ze swoją filozofią dialogu, myśleniem według wartości, a potem, pod koniec życia, z myśleniem według miłości. Niezrozumiany przez niektóre środowiska kościelne w Polsce, odrzucany jako ksiądz lewak, prawie wyklęty w latach osiemdziesiątych, dziewięćdziesiątych – wyprzedzał swoją epokę o trzy długości. Kiedy ciężko zachorował na raka krtani, ten ksiądz, który pracował głosem, dla którego mówienie było wszystkim, przestał mówić. Zaczął odczytywać w sposób mistyczny siostrę Faustynę, jej *Dzienniczek*, koronkę i zbliżył się do Bożego Miłosierdzia. Pomógł również mnie, kiedy swego czasu upierałem się, aby godnie i z klasą umrzeć. On sam, chorując, podpowiedział młodemu kapelanowi szpitalnemu, jaką radę może zostawiać cierpiącym: „Nie jest ważne, jak żyjesz czy umierasz, tylko z kim". W trakcie odchodzenia księdza Tischnera dała o sobie znać jego mocna, podhalańska religijność. Miał dystans do siebie w chorobie, umiał robić sobie jaja ze swojego umierania. I cieszył się tym, czym cieszyć się jeszcze mógł. Kiedy miał już sondę dożołądkową, to wstrzykiwał sobie do niej kieliszek wina. O tym dystansie świadczą również słowa, wyjęte przez media z kontekstu, iż „cierpienie nie uszlachetnia". Rzeczywiście, cierpienie, ból nie muszą uszlachetniać. Dopiero na końcu drogi widać, czy cierpienie zmienia. Księdza Tischnera przemieniło. Mam nadzieję, że w moim przypadku, o co się modlę, też tak będzie.

Kolejny autorytet to arcybiskup Józef Życiński. Był błyskotliwy i inteligentny. Miewał nieznośny, kaznodziejski ton, co nie przeszkadzało mu prowadzić dialogu. Odpowiedział na zaproszenie Wielkiej Orkiestry Świątecznej Pomocy, której nie wyklinał, tylko którą próbował ochrzcić. Wystąpił na Przystanku Woodstock i powiedzenie Jurka Owsiaka „Róbta, co chceta", które rzeczywiście jest dość kontrowersyjne, zamienił, parafrazując słowa świętego Augustyna, na „Kochajta i róbta, co chceta". Bo jeżeli drugą osobę kocham miłością prawdziwą, nieegoistyczną i utylitarną i w pierwszej kolejności zależy mi na jej dobru, to nie jestem w stanie wyrządzić jej krzywdy i rzeczywiście w tej miłości można robić, co się chce. Wówczas nigdy tym drugim nie pogardzimy, nie potraktujemy go przedmiotowo.

W 2014 roku otrzymaliśmy nagrodę „Ślad" im. Biskupa Jana Chrapka. Czy znał Ksiądz patrona nagrody?

Niestety nie miałem okazji go poznać. Widziałem go tylko raz w życiu. Zapamiętałem ten obraz, kiedy podczas papieskiej wizyty, której był organizatorem, nie biskupił, nie latał po salonach, tylko serdecznie rozmawiał z BOR-owcami i wynosił im z biskupich stołów jedzenie. Wtedy zrobił na mnie wrażenie przystępnego, otwartego człowieka.

A wśród żyjących kapłanów ma Ksiądz jakieś autorytety?

Niewątpliwym autorytetem jest dla mnie biskup Ryszard Kasyna, obecnie biskup pelpliński, były biskup pomocniczy diecezji gdańskiej. Jest rozważny, umie podejmować decyzje i wydaje mi się, że nie buduje dystansu. Umiejętnie wszedł w tę specyficzną diecezję po swoim wybitnym poprzedniku, biskupie Janie Bernardzie Szladze.

Bardzo cenię księdza Zbigniewa Rećkę, kapelana wojskowego, który w ostatnich latach mojego seminarium i w pierwszych latach kapłaństwa był moim proboszczem w Sopocie. Cenię księdza Stanisława Majkowskiego, księdza Pawła Pierzchałę, a także wspomnianego już księdza Perszona. To są bardzo dobrzy, przyzwoici księża. Każdy z nich swoje kapłaństwo i życie realizuje po swojemu, więc trzeba ich dobro próbować nieudacznie naśladować, a złe cechy, które wszyscy mają, pomijać. Nie tak dawno spotkałem młodego księdza Artura Cząstkiewicza z Zurychu, który mi bardzo zaimponował i w jakimś sensie staje się moim autorytetem.

Dlaczego?

Ponieważ pokazuje mi zupełnie inne spojrzenie na Kościół. Po pierwsze, bardzo cenię rozmowy z nim, jego delikatność, to, że się nie narzuca. Po drugie, jest oddany, tak po kapłańsku. Po trzecie, ma bardzo wyważone sądy, które rzadko się z moimi zgadzają, ale często znajdują zrozumienie, dzięki czemu wielu rzeczy się od niego nauczyłem. Jest ode mnie w kapłaństwie młodszy o pięć lat, lecz pokazuje mi, że nie wolno mi przyjmować postawy starego wyjadacza, bo tak naprawdę mam tylko fragmentaryczną wizję Kościoła. Trochę pojeździłem po Francji, trochę czytam, ale pracowałem tylko w diecezji gdańskiej, głównie jestem w Pucku i moje widzenie Kościoła jest, niestety, perspektywą zawężoną.

Byłem kilka razy w Rzymie, tam poznałem paru kolegów, trochę spraw znam ze słyszenia. Dlatego o wiele bliższa mi jest postawa księdza Adama Bonieckiego niż, przy całym szacunku, księdza Wojciecha Lemańskiego. Ksiądz Boniecki jest dla mnie ogromnym autorytetem, wzorem posłuszeństwa. W moim odczuciu miałby prawo czuć się skrzywdzony, jednak nigdy nie dał tego po sobie poznać. Często tłumaczę, że nie po to zostaje się zakonnikiem czy księdzem, żeby robić sobie z posłuszeństwa świstek. Gdy obserwuję z kolei księdza Wojciecha Lemańskiego, w głowie kołacze mi przestroga, byśmy my, duchowni, nie dali się uwieść mediom. Sam staram się stawiać sobie granice, stale przypominać, że nie znam się na wszystkim, że wszystko, co mówię na tematy inne niż hospicjum i moja choroba, to tylko zwykłe impresje, które podlegają krytyce i mogą być kwestionowane.

Czy uważa Ksiądz, że ksiądz Adam Boniecki został skrzywdzony?

Nie mnie to oceniać.

A Ksiądz nie miewa konfliktów z przełożonymi?

Nie sprowokuje mnie pan do wyrażenia opinii o moich przełożonych. Mogę się z nimi zgadzać lub nie, mogę ich krytykować i ponieść tego konsekwencje, lecz najważniejsza jest nieobłudna jedność Kościoła, *sentire cum Ecclesia.*

Benedykt XVI przypomniał nam, że jesteśmy tylko depozytariuszami ewangelicznego skarbu, który nosimy w glinianych naczyniach. Mamy prawo i obowiązek szukać nowych sposobów dotarcia, wyrazu, komunikacji, ale po nas przecież ktoś to będzie musiał przejąć, udźwignąć i lepiej podać, aby było to strawne i zrozumiałe. Skoro cały czas mówimy o godności, to ciągłe ocenianie innych byłoby tego zaprzeczeniem. To, że coś mi „się wydaje", może okazać się zupełnie subiektywnym poglądem. Cała prawda odsłoni się na Bożym sądzie.

Może przestanę wymieniać żyjących księży, bo jeszcze ktoś się obrazi. Tych, których nie wymieniłem, a którzy nie mieliby nic przeciwko znalezieniu się na tej liście, umówmy się, że w kościelnym żargonie wymieniłem *in pectore* (w sercu).

Poza świętymi papieżami czy są jeszcze jacyś święci ważni dla Księdza?

Jan Kanty – profesor, który umiał się dzielić tym, co miał. Siostra Kotowska, patronka naszej kaplicy, męczennica, zamordowana w Lasach Piaśnickich – moja kumpela. Jesteśmy zaprzyjaźnieni. To siostra zmartwychwstanka, która przyjechała przed wojną z Poznania do Wejherowa, zatem była trochę nie stąd, tak jak ja. Założyła gimnazjum i prężnie nim kierowała, była stanowcza, ale też bardzo lubiana przez uczniów. Typowa dobra nauczycielka, którą się dobrze wspomina. W trakcie wojny mnóstwo ludzi z Pomorza zginęło w zapomnianych Lasach Piaśnickich, prawie tyle samo osób co w Katyniu, około dwudziestu tysięcy ludzi – Polaków i Niemców. Prócz tego dokonywane tam były mordy eugeniczne na Niemcach przywożonych z zakładów psychiatrycznych z Lęborka, Słupska i Szczecina. Cała inteligencja Pomorza tam zginęła, a siostra Kotowska została rozstrzelana w symbolicznym dniu: 11 listopada 1939 roku, w Święto Niepodległości.

Poznaliśmy się przy okazji budowy hospicjum. Jechałem do Wejherowa załatwić przyłącze prądu, które musiałem mieć z dnia na dzień. Potrzebny był do tego cud. Jadę asfaltową drogą, proszę Pana Boga o pomoc, nagle patrzę: strzałka wskazująca kierunek do grobu błogosławionej siostry Kotowskiej. Daję po heblach. W drifcie wpadam w leśny dukt i na pełnym offroadzie dojeżdżam i bach na kolana: „Alicja, słuchaj, Ojciec Pio to patron naszego hospicjum, ale jest ogólnoświatowy, ma mnóstwo spraw na głowie, wszyscy się modlą za jego wstawiennictwem, on się musi bilokować, pachnieć fiołkami i parę innych rzeczy jeszcze robić, a ty jesteś nasza, lokalna. Słuchaj, jak Ty mi pomożesz zbudować to hospicjum bez niczego, bez środków (wówczas było to tylko puste pole, bez przyłącza, z niewydzieloną działką), to kaplica będzie pod Twoim wezwaniem".

Alicja tak się sprawiła, że ukończyliśmy budowę w półtora roku. Trzeba było zatem wywiązać się z obietnicy, bo nie należy wchodzić w konflikt z kobietą, i to jeszcze świętą – nie ma nic gorszego niż obrażona święta! Zatem mamy w hospicjum kaplicę bł. Alicji Kotowskiej. Cały czas poszukuję porządnego malarza, który by stworzył jej nielandszaftowy obraz do kaplicy.

Drugi raz pojechałem do niej, kiedy zachorowałem. Wówczas powiedziałem: „Alicja. Nie przejmuj się, jak nie dasz rady. Ale jak jednak mnie z tego wyciągniesz, to jeżeli napiszę habilitację, to dedykuję ją Twojej czci i będziesz błogosławioną Siostrą Habilitowaną Kotowską. Masz to jak w banku. Więc do roboty, koleżanko!".

KOŚCIÓŁ

albo plusz

czyli raport o stanie wiary,
kucany katolicyzm, płytkość i obłuda,
ale również prognoza zmiany,
która musi nadejść

W gabinecie. Puck, luty 2015 r. – fot. Damian Kramski

Liturgia: Tradycyjny entourage

Jest Ksiądz znany z zamiłowania do przedsoborowej liturgii. Stereotypowo sugeruje to, że jest Ksiądz osobą konserwatywną.

Tak, jestem konserwatywny, gdy chodzi o wrażliwość liturgiczną. Ale w patrzeniu na Kościół już niekoniecznie. Uwielbiam kontrasty. Niestety łatka trydenciarza równa się zepchnięciu w dyskusji kościelnej do narożnika konserwatystów, a nawet gorzej – takiego radykalizmu, że z prawej strony są już tylko lefebryści, a za nimi ściana. To skojarzenie jest o tyle uzasadnione, że w Polsce często ludzie o wrażliwości trydenckiej są tymi samymi, którzy mają potrzebę manifestowania swoich sympatii politycznych (zwykle skrajnie prawicowych). Prawicowość z kolei często oznacza zamknięcie się na świat, co mi jest zupełnie obce, ponieważ ze światem staram się być w nieustannym dialogu. Nie da się go uniknąć, pracując na pierwszej linii duszpasterstwa, gdzie spotykam pełny przekrój społeczeństwa.

Jak w takim razie „pozycjonować" Księdza na tle tych sporów?

Można powiedzieć, że próbuję siebie czytać jako otwartego, budującego mosty, wierzącego księdza w tradycyjnym *entourage'u*, który nie jest tylko przebraniem. Z tamtej ciągłości czerpię duchową siłę.

W jaki sposób łączyć te wrażliwości? Dzieli je przepaść. Konserwatyści są przywiązani do każdego starego detalu, liberałowie gotowi są każdy z tych detali oddalić. Jak katolik ma zachowywać twórcze napięcie, żeby nie wylać dziecka z kąpielą, czyli nie przekreślać tradycji, a jednocześnie nie przyjmować bezkrytycznie wszystkiego, co nowe?

Wystarczy, żeby uważnie posłuchał świętego Jana XXIII i przestał się tak wszystkim spinać. Powtórzę: w sprawach zasadniczych jedność, w drugorzędnych wolność, a nad wszystkim miłosierdzie.

Główne konflikty w Kościele wynikają ze spraw ambicjonalnych, z napięć personalnych, z braku otwartości i chęci zrozumienia drugiej strony. Nie mam żadnego problemu, chociaż nie jestem fanem liturgii neokatechumenalnej, żeby sprawować dla nowych ruchów Mszę Świętą. Ale chciałbym, żeby ci ludzie też nie mieli problemu, kiedy proszę ich, żeby najmniejsza cząstka z ogromnego chleba, którym się dzielą, nie upadła na ziemię. Chciałbym, żeby uszanowali moją wrażliwość i pozwolili mi założyć humerał, albę, cingulum i ładny ornat.

Co zafascynowało Księdza w liturgii przedsoborowej?

Nie jestem zafascynowany liturgią przedsoborową, bo takiej nie ma. Raczej czerpię ze skarbca tego, co stare, i tego, co nowe. Na Kościół trzeba patrzeć w całej rozciągłości. Przegięcia, przeciwko którym protestował Luter, jak tak zwana Msza sucha, bez konsekracji, były kompletną aberracją liturgii. Takie problemy uporządkował dopiero Sobór Trydencki, który jednocześnie uszanował korzenie, z których wyrastała pewna kultura liturgiczna.

Najbardziej archaiczne liturgie brzmią jak normy prawa rzymskiego. Liturgia rzymska miała mieć swój rytm. Ponoć grzech ciężki spadał na kapłana, który Mszę powszednią sprawował krócej niż 15 albo dłużej niż 35 minut. Nie wiem, jak sobie z tym radził Ojciec Pio, którego Msze trwały ponoć kilka godzin.

Obecnie Msze są często przegadane. Mówię to z miłości do Kościoła, z szacunku dla tego znaku. Co robią księża? Wygłaszają jedno kazanie na wstęp, drugie właściwe i trzecie na koniec albo przynajmniej ogłoszeniom parafialnym nadają taką formę. Tyle gadania, że aż strach.

Ale niektórzy popadają w pewną skrajność. Tradycjonaliści utrzymują wręcz, że tylko poprzednia forma liturgii jest dobra, a obecna zła. Dlaczego ta liturgia jest tak ważna? Po co do niej wracać?

Nie odprawiam tej liturgii, ponieważ nie umiem. Moja łacina jest nie dość dobra. Nie znam dokładnie rubryk z roku 1962, czego wymaga dokument Benedykta XVI dopuszczający nadzwyczajną formę rytu rzymskiego. Nie odprawiam, lecz w niej uczestniczę. Ona mnie wewnętrznie buduje. Dlatego zresztą próbowałem ją odprawiać, pod czujnym okiem doskonałych celebransów, ale chyba bardziej nagrzeszyłem, niż zyskałem łaski. Uznałem, że w moim nieumiejętnym wydaniu byłaby to niezgrabna zabawa, więc lepiej żebym pozostał przy zwyczajnej formie.

Ludzie znający historię liturgii widzą w Mszy trydenckiej ciągłość. Ciągłość, można powiedzieć, uniwersalną, ponieważ była to Msza budowana na tym, przez co religie przechodziły przez wieki. Ma w sobie wpływy liturgii gallikańskiej, mozarabskiej, mediolańskiej. Można w niej odnaleźć gest ofiarniczy, właściwy każdej religii, począwszy od tych archaicznych, aż po religię żydowską i liturgię pierwszych chrześcijan. Już Pius XII w *Mediator Dei* przestrzegał przed archaizmem liturgicznym, gdy dokonywał reformy Triduum Sacrum w 1954 roku. Było ono obciążone naleciałościami ze średniowiecza, na przykład zachowywaniem skrajnie wymagających postów eucharystycznych (od północy), co powodowało konieczność przenoszenia obrzędów Triduum na godziny przedpołudniowe. Wtedy w oczywisty sposób traciło ono istotną symbolikę światła i ciemności z nocy paschalnej, a wierni nie mogli w nim uczestniczyć.

Ale było tyle pięknych obrzędów, które straciliśmy. Na przykład obrzęd *Effatha*, „Otwórz się", w którym kapłan ślinił palec i naśladował gest Chrystusa; obrzęd tchnienia ze słowami: „Wyjdź z niego, duchu nieczysty, i daj miejsce Duchowi Świętemu Pocieszycielowi", po których wypowiedzeniu kapłan trzy razy dmuchał na dziecko.

Znajomość historii Kościoła i historii liturgii, świadomość tego, skąd wyrośliśmy, a także tego, że na tamtej formie rytu Mszy Świętej wychowały się tysiące świętych, daje mi pewność, że była ona dla Kościoła właściwa i dobra. Tymczasem wśród współczesnych katolików tak zwanych otwartych i księży panuje przekonanie, że Msza trydencka jest wręcz groźna. Proszę zaproponować swojemu proboszczowi, żeby pozwolił panu z grupą kilku osób, do czego ma pan od kilku lat prawo, uczestniczyć w parafii w Mszy Świętej trydenckiej. Nie wróżę panu powodzenia.

Czy uważa Ksiądz, że na Soborze Watykańskim II wydarzyło się coś niewłaściwego w kwestii liturgii?

Uważam, że sobór powiedział wszystko w konstytucji dogmatycznej o liturgii. Zaakceptował ją nawet arcybiskup Lefebvre. Niech ktoś sięgnie wreszcie do tekstów soborowych. One są w duchu kontynuacji reformy liturgicznej świętego Piusa X i wspomnianej już następnej Piusa XII. Inna sprawa, że to, co wydarzyło się po soborze, wymknęło się spod kontroli. W moim odczuciu i we wspomnieniach księży, którzy podówczas studiowali w Rzymie, bezpośrednio po soborze nikt nad niczym nie panował. Każdy ksiądz odprawiał jak chciał. Coś wyrzucał, coś dodawał. Pełna wolna amerykanka. Msza Święta powinna być i jest bardzo precyzyjnym wykładem dogmatów Kościoła. Gdy prześledzimy sobie rok liturgiczny, w którymkolwiek wydaniu mszału, to nie popełnimy żadnego dogmatycznego błędu, jeśli się w te teksty wgryziemy.

Szanujmy swoją wrażliwość i swoją inność. Będę piętnował rzeczy idiotyczne, które zauważę u tradycjonalistów. Zwłaszcza takie postawy jak ta, że ktoś nie chce uczestniczyć we Mszy, bo nie jest taka, jaką sobie wymarzył, albo kapłan nie ma koronkowej komży. Ale będę też protestował przeciwko wynaturzeniom i głupocie. Czyli na przykład wtedy, gdy grupa modlitewna zastępuje zbiorową psychoterapię, jest prymitywnym *love bombingiem*, jak w sekcie. To może wyprać mózg równie dobrze jak niewolnicze przywiązanie do starego rytu.

Nie ma podstaw, by twierdzić, że najlepszą formą uświęcenia człowieka będzie ustanowienie w każdej parafii bocznego ołtarza, przy którym będzie się odprawiało Mszę Świętą trydencką. Albo w drugą stronę – że w każdej parafii koniecznie musi być wspólnota neokatechumenalna lub odnowowa. Mamy, jako duchowieństwo, wychować sumienia. Ludzi, którzy sami będą zdolni budować Kościół swoją religijną dojrzałością. Czy tę dojrzałość wierni osiągną dzięki Mszy trydenckiej, czy dzięki byciu we wspólnocie, nie jest istotne. Istotne jest to, żebyśmy naszego dziecięctwa Bożego nie rozmienili na dziecinny infantylizm.

Wierni: Ma być fajnie i przyjemnie

Kim są – to Księdza określenie – pluszowi katolicy?

Pluszowi katolicy są katolikami wychowanymi przez pluszowych księży.

Kim w takim razie są pluszowi księża?

Pluszowi księża to ci pośród moich współbraci, którzy cały czas egoistycznie patrzą w siebie i mówią, że w kapłaństwie koniecznie musi być fajnie, miło i przyjemnie. Wcale tak nie musi być, nikt nie powiedział, że życie będzie łatwe. Wychowują więc pluszowych katolików, ludzi nieumiejących zmierzyć się z wymaganiami moralnymi, bo od początku tkwią w atmosferze przyjemnego ciepełka, w naszych wspólnotach, w duszpasterstwach akademickich, w grupach dominikańskich czy jezuickich, ale też w inicjatywach z górnej półki: w środowiskach twórczych, akademickich, inteligenckich.

Pluszowatość grozi każdemu, kto zacznie żyć w przekonaniu, że „ma być fajnie i przyjemnie".

Ksiądz jest osobą konfrontacyjną?

Jestem bardziej koncyliacyjny niż konfliktowy. Ale gdy się zaczniemy zamykać, by cudownie czuć się we własnym sosie, to osiągniemy kres misji ewangelizacyjnej. Nie możemy cały czas patrzeć, żeby nigdy nikogo nie urazić albo nie wejść z kimś w konflikt.

Na pewnym etapie mego życia, gdy jeszcze nie byłem chory, zrozumiałem, że nie chcę być pluszowym księdzem. To był czas, kiedy ze względu na swoje kompleksy ciężko przeżywałem każdy rodzaj krytyki, jaka na mnie spadała. Otrząsnąłem się i zrozumiałem, że jestem po to, by sprawować Najświętszą Ofiarę, a nie po to, żeby było mi fajnie.

Pluszowi księża to ci, którzy strasznie się nad sobą użalają. Celibat przeżywają jako potworne wyrzeczenie. Ciągle stawiają na pierwszym miejscu własne „ja". Są pluszowi, bo są miękcy. Dotyczy to nawet dobrych duszpasterzy, którzy są efektowni i skuteczni, ale swoją pracą pompują własne ego. Oczywiście, sukcesy po ludzku też są nam potrzebne, bo gdybyśmy ciągle przeżywali porażki, to wreszcie zabrakłoby motywacji do zaczynania bez przerwy od nowa.

Inne określenie, jakim się Ksiądz posługuje, to kucany katolicyzm. Czyli jaki?

To określenie ukute przez mojego ojca, bardzo trafne. Katolicyzm kucany to kwintesencja polskiego katolicyzmu powszechnego, czyli masowego. Taki katolik drapie się po klacie, czyli robi znak krzyża; dyga, czyli markuje przyklęknięcie przed Najświętszym Sakramentem, który nazywa opłatkiem; wypina się, czyli podczas podniesienia tak dba o spodnie czy sukienkę, że zamiast uklęknąć, na wpół przykucnięty wypina tyłek, co na myśl przywodzi tylko pozycję, w której robi się coś zgoła innego...

Czego przejawem jest ten kucany katolicyzm?

Widoczna w nim jest określona mentalność, która objawia stosunek człowieka do Boga. Mój ojciec twierdzi, że katolicyzm kucany ma też swoje konsekwencje społeczne. Kucanie zamiast klękania podczas przeistoczenia komentuje tak: „Skoro w najważniejszym dla was, katolików, momencie, kiedy Bóg zstępuje na ziemię, nie jesteście w stanie nawet uklęknąć, to czemu się dziwić, że ci sami katolicy po wyjściu z kościoła nienawidzą się i kradną".

Po co kucamy? Po to, żeby nie wyróżniać się pośród innych. Skoro wszyscy się zniżyli, to głupio samemu stać, ale też za duża ofiara, żeby uklęknąć. No to kucnę. Taki człowiek tymi samymi motywacjami kieruje się w swoim życiu codziennym. Nie kradnie, nic z tych rzeczy, ale gdy przyjdzie moment, że będzie mógł w pracy coś pokombinować, że będzie mógł ominąć prawo, nie zapłacić podatku, to mu nawet ręka nie zadrży. Nie jeździ autem po pijaku, ale jak pijany szwagier wsiądzie za kółko, to go nie zatrzyma ani nie zadzwoni na policję, żeby unieszkodliwić ewentualnego zabójcę. To wszystko jest kucaniem.

Możemy całe życie przeżyć w bojaźni i przykucu albo być wyprostowani i dumni.

Czy jako katolicy kucający zdajemy sobie sprawę z tego, co się dzieje na ołtarzu?

Mam spore wątpliwości.

To po co przychodzimy? Kościół jest w takiej sytuacji jak teatr, a Msza to nudny spektakl.

Czasami chyba tylko dla lepszego samopoczucia: byłem, odfajkowałem, nie mam sobie nic do zarzucenia. W okresie świątecznym można sobie nawet zafundować garść wzruszeń, a to śpiewając kolędy, a to pieśni pasyjne. Ale wszystkiego dotykamy tylko po wierzchu, bierzemy udział w festiwalu obłudy.

Co Księdza najbardziej wkurza w polskim Kościele?

Przykuc, plusz i płytkość. Ale też brak świadomości wśród księży, że to my, duchowni, jesteśmy często temu winni.

W jakim znaczeniu duchowni są temu winni?

Nie tłumaczymy tego, co najważniejsze. Być może dlatego, że sami nie żyjemy wiarą. Mam przed oczami opowieść o kardynale Kozłowieckim, który trudził się niesłychanie, by w obozie koncentracyjnym na leżąco, z pamięci, odprawić Mszę. Taką prowokację kieruję do moich współbraci: co byście zrobili, gdybyśmy nagle zostali pozbawieni możliwości sprawowania Eucharystii? Bronilibyśmy jej czy byśmy się jej wyrzekli pod razami? Czy nasze kapłaństwo jest w nas na tyle silne, żebyśmy o nią walczyli za cenę życia, jak błogosławiony biskup Michał Kozal i wielu innych męczenników drugiej wojny światowej? Ci ludzie nie mieli niczego, mogli wyłącznie przyjmować Chrystusa duchowo, ale robili wszystko, by sprawować Najświętszą Ofiarę. Czy w życiu katolików dzisiaj eucharystyczna obecność Boga jest ważna? Chyba nie wtedy, kiedy przykucamy i otaczamy się pluszem.

Zasada: Po owocach ich poznacie

Przywołana przez Księdza metafora festiwalu obłudy może być różnie rozumiana. Podejmijmy kilka tematów obecnych w debacie publicznej. Niektórzy za obłudnika mają na przykład Jerzego Owsiaka. Tymczasem Ksiądz broni inicjatora Wielkiej Orkiestry Świątecznej Pomocy, który spotyka się ze strony katolików z krytyką, a wręcz jest postrzegany jako ucieleśnienie zła w naszym kraju.

Nie wolno drugiego człowieka nigdy skreślać. Retorykę obrony pana Jerzego Owsiaka opanowałem już do perfekcji. Katolicy nie mają monopolu na dobro. Nie wszystkie inicjatywy lidera WOŚP muszą mi się podobać. Ale jeśli jest oskarżany o kradzież, na co nie ma dowodów, to bronię go do upadłego. Komu jak komu, ale katolikom nie muszę tłumaczyć zasady domniemania niewinności.

WOŚP to armia młodych ludzi, którzy organizują się, żeby wspólnie zrobić coś dobrego. To jest godne podziwu. Nawet proboszcza udało mi się przekonać, żeby nie szczuć psami wolontariuszy z puszkami, ale zaprosić ich między Mszami na herbatę i ciastko. Przecież spora część zbieranych pieniędzy trafia do puszek wprost z kieszeni katolików wychodzących z kościoła. Ja sam, żeby przełamać kolejny konwenans, wyjmuję portfel, wrzucam pieniądze, daję sobie nalepić na płaszcz czerwone serce i maszeruję do konfesjonału lub zakrystii.

Ważna jest też zasada „Po owocach ich poznacie" (por. Mt 7, 16). Na jakikolwiek oddział szpitalny dziecięcy czy geriatryczny wejdę, widzę sprzęt oznaczony serduszkiem. Także w naszym hospicjum. Skala przedsięwzięcia jest powalająca, ale czy to musi oznaczać, że w WOŚP są jakieś machlojki? Oni przechodzą tyle szczegółowych kontroli, że nie ma się czego obawiać. Myślę, że wartość tej inicjatywy, liczącej już ponad dwie dekady, wyraziła się też na Przystanku Woodstock, wakacyjnej imprezie organizowanej przez pana Owsiaka, obecnością arcybiskupa Józefa Życińskiego czy ostatnio księdza Adama Bonieckiego.

Co nie znaczy, że pan Jerzy Owsiak jest monolitem bez skazy. Czasem ponoszą go nerwy i odnoszę wrażenie, że nie zawsze jest w stanie udźwignąć presję, jaką osoby publiczne, które powinny mieć grubszą skórę, są zmuszone znosić.

Czy katolickimi krytykami WOŚP nie kieruje przypadkiem zazdrość lub poczucie konkurencyjności, które wynika z przekonania, że dobroczynność to domena wyłącznie katolicka?

Z pewnością poniekąd takie niskie motywacje mogą nami kierować. Do tego dochodzi atak na Przystanek Woodstock, który jest określany jako impreza diabelska, pożerająca pieniądze ze zbiórki WOŚP, co, o ile wiem, nie jest prawdą.

Na ten straszny Woodstock jeździ uwielbiany przez katolików zespół Luxtorpeda, a nawet ewangelizacyjny zespół dziecięcy Arka Noego.

Są to przykłady, które pokazują, że nie da się tak prosto odsądzić Przystanku Woodstock od czci i wiary. Poza tym sąsiaduje z nim inicjatywa katolicka, jaką jest Przystanek Jezus, który nie chciałbym, żeby ustawiał się w opozycji do głównej imprezy.

Czy nie jest to charakterystyczne: motywacja wypływająca z chęci stanięcia w opozycji?

Kiedy głoszę swoje kazania żebracze, to staram się nigdy nie robić tego w niedzielę zbiórki WOŚP, żeby nie tworzyć konkurencji. Staram się też unikać wyrażania opinii, że coś jest dobre, ale – „ale" zawsze wykrzywia istotę sprawy. Pomagam, ale nie wiem, co się dzieje z moim wsparciem. Pomagam, ale mam wątpliwości co do standardów etycznych, i tak dalej.

Urzeka mnie beztroska katolickich krytyków, którzy chcą prześwietlać, prześwietlone przecież przez organy kompetentne, finanse WOŚP, a jednocześnie nie widzą najmniejszych problemów z transparentnością finansów kościelnych, nawet gdy chodzi o kościelne organizacje charytatywne. Polskie standardy są dalekie od tych, w których kościelna kasa nie budzi zastrzeżeń, jak niemieckie czy szwajcarskie. W naszym Kościele po prostu nie ma przejrzystości finansowej.

Słuchając opinii księży lub ludzi zaangażowanych w Kościół na temat osób homoseksualnych, da się wyczuć wyższość, delikatnie mówiąc, czy wręcz pogardę, używając adekwatnych słów. Takie postępowanie nie wydaje się uzasadnione.

W tej kwestii trzeba literalnie przestrzegać katechizmu. Jeżeli, co jest powiedziane wprost, znaczna liczba mężczyzn i kobiet odczuwa głęboko osadzone skłonności homoseksualne, to mamy sporą grupę ludzi zmagających się z bardzo trudnym doświadczeniem. Kościół powinien wobec nich postępować z delikatnością, szacunkiem, wyrozumiałością i współczuciem. Ich czasami drażni współczucie, jako że twierdzą, iż wcale go nie oczekują, akceptują swoje skłonności, potrafią z nimi żyć. Katechizm raczej wspomina w kontekście współczucia o tych osobach, które mają trudność w akceptacji swojej kondycji. Wobec osób homoseksualnych należy unikać wszelkich form niesłusznej dyskryminacji. Bez względu na wszystko. Wyleczyliśmy się już, mam nadzieję, z kościelnego antysemityzmu, chociaż czasem on jeszcze z jakichś dziur wyziera. Myślę, że wcześniej czy później wyleczymy się z agresji do osób zorientowanych homoseksualnie.

Czy na pewno uda się nam wyleczyć z tego rodzaju agresji? Obserwując kościelne debaty, można odnieść wrażenie, że nawet sam problem cudzołóstwa staje się pretekstem do przemów w tonie pogardy.

Mogę podać panu przykład, jakie konsekwencje pociąga za sobą taki ton. W Gdyni katechezę po moim dobrym, zdolnym i wrażliwym koledze przejął inny ksiądz. Szkoła wielkomiejska, uczniowie inteligentni, w większości z rozbitych domów. A nowy katecheta na wejściu dzieli się przemyśleniem, że kto nie żyje w katolickim małżeństwie, żyje w zwierzęcym związku. W szkole nastąpiła fala wypisywania się z religii. W końcu jeżeli przychodzi do klasy ksiądz i od progu obraża czyjąś matkę lub ojca, nazywa ich zwierzętami, to właściwie należałby się jakiś honorowy rewanż na takim osobniku. Ton pogardy jest haniebny i nigdy nie może być słyszalny w Kościele.

Ale jest słyszalny. Czy czeka nas zmiana?

Zmiana musi nadejść. Księżowski język bywa nacechowany agresją wobec tych, którzy nie mieszczą się w ramach kościelnej poprawności. Wszelkiej maści potępiający zapominają przy tym, że zwykle takie osoby po prostu cierpią. Na przykład w związkach niesakramentalnych odczuwają głód Eucharystii, a my ich jeszcze walimy po głowie, zamiast wskazać im możliwości uregulowania tej sytuacji (jeśli takie istnieją).

Mój proboszcz (wspomniany ksiądz Rećko) opowiadał mi kiedyś ciekawą historię. Ona nauczyła go nie być skorym do łatwych ocen. Siedział w konfesjonale i widział po drugiej stronie kościoła człowieka, który ostentacyjnie żuł gumę. „Wściekłem się, nadłożyłem drogi, idąc do zakrystii, żeby koło niego przejść, przeszedłem przez całą nawę, wróciłem drugą nawą, wreszcie idę obok faceta i mówię: «Panie, ładnie to tak żuć gumę w kościele?». A on mi na to: «Ja księdza przepraszam, ja mam taki tik nerwowy». Od tego czasu nauczyłem się, żeby nie oceniać i nie reagować w tak impulsywny sposób". Bywa, że coś nam się tylko wydaje. Spotkany człowiek może być wewnętrznie najświętszy, moralnie nas przewyższać. Nas, katolików, którzy z byle powodu potrafią sobie skoczyć do gardeł.

W kontakcie duszpasterskim bardzo ważne jest stopniowanie wymagań. Przypominam sobie rozmowę w konfesjonale z mężczyzną żyjącym w homoseksualnym związku, który wiedział, że nie otrzyma rozgrzeszenia. Problemem, z którym nie umiał sobie poradzić i który mu bardzo ciążył, było to, że zdradza swego partnera, umawiając się przez internet na randki z byle kim i byle gdzie. Co mogłem zrobić? Zasugerowałem mu, żeby zaczął od prób zerwania z tymi uwłaczającymi praktykami. Potem uporządkował tę relację z naturalnego prawa dochowania wierności drugiemu człowiekowi. Żeby nie żył w kłamstwie i nie krzywdził go. Dopiero gdy będzie stabilny, wierny (jakkolwiek by to zabrzmiało) w tej relacji, która – jak Kościół mówi – jest sama wewnętrznie nieuporządkowana, będzie mógł postąpić krok dalej (i proszę mi nie zarzucać, że popieram związki homoseksualne). Uważam, że takie stopniowanie wymagań jest bez porównania lepsze od kopania po brzuchu. To w dużej mierze kwestia języka. I choć nauczanie Kościoła nie uległo zmianie ani o jotę, to wydarza się coś podobnego jak w przypadku dialogu ekumenicznego. Dawniej mówiło się: bezbożnicy, heretycy i schizmatycy, a teraz nazywa się ich braćmi niewierzącymi lub braćmi odłączonymi. Może sam fakt, że ostatni synod o rodzinie (a nie synod o grzechu i deprawacji świata) w roboczym dokumencie dotknął problemu osób żyjących w związkach jednopłciowych, jest początkiem istotnej zmiany kościelnego języka w tej kwestii.

SUMIENIE

albo genotyp

czyli o miłości rozlewnej i lęku przed piekłem,
o spasowaniu z Bogiem i skutecznej koronce,
a także o tym, co jest – lub nie jest – po śmierci
losem najinteligentniejszej formy białka

Podczas spaceru. Puck, luty 2015 r. – fot. Damian Kramski

Tęsknota: Jest w nas

Dlaczego stale podkreśla Ksiądz znaczenie sumienia?

Sumienie, nie tylko dla mnie, ale i dla Kościoła, choć czasem o tym zapominamy, jest najwyższą normą moralności. To trzeba bardzo poprawnie rozumieć.

Czyli jak? Czasami słyszy się, że każdy ma swoje sumienie i według niego powinien rozpatrywać swoje sprawy.

Tu bym mógł zrobić wykład o sumieniu, że mamy sumienie prawidłowe, nieprawidłowe, błędne, błędne pokonalnie, błędne niepokonalnie, szerokie, wąskie – takie są kategorie sumienia w teologii moralnej. Chciałby pan o tym posłuchać?

A może opowiedzieć o tym Ksiądz zrozumiałym językiem?

Spróbuję to zamknąć w jednej myśli. W sumieniu, które jest najbardziej intymnym sanktuarium spotkania Boga z każdym człowiekiem, słyszymy Jego głos. Tym głosem jest owo naturalne drapanie, które nieraz nie daje nam spokoju. Pan Bóg działa w naszym życiu głównie przez sumienie. Bóg jest Bogiem oczywiście potężnym, wszechogarniającym, ale na tyle pokornym, że schował się w głosie naszego sumienia. Dlatego nigdy nie wolno świadomie łamać sumienia, co się nam wszystkim, niestety, zdarza.

Czym jest łamanie sumienia?

To sprzeciw wobec imperatywu moralnego, który mówi w tobie: dobro czyń, zła unikaj. Benedykt XVI poszedł dalej i powiedział, że w sumienie każdego człowieka wpisane są pewne archetypy przykazań. Papież porównał to do jaskini Platońskiej. Platon zakładał istnienie świata idealnego i świata realnego. Człowiek został wciśnięty ze świata idealnego, za którym tęskni, we własne ciało, to znaczy do jaskini. Pomiędzy nim a ścianą jaskini pali się ogień, który rozumiemy jako źródło poznania oraz prawdę, dobro i piękno, czyli transcendentalia. Pomiędzy człowiekiem, ogniem a ścianą przechadzają się boskie idee. Człowiek, jako że jest przykuty, idei ani ognia nie widzi. Obserwuje jedynie cienie majaczące na ścianie. Patrząc na nie, przypomina sobie, że kiedyś należał do idealnego świata.

Dokładnie tak samo mówi Benedykt XVI o tych archetypicznych cieniach przykazań. Gdybyśmy mieli je streścić, to powiedzielibyśmy: zakładaj, że istnieje świat ponadrzeczywisty, ponadnaturalny, ponaddotykalny; zakładaj, że istnieje coś poza światem ogarnianym zmysłami (1, 2 i 3 przykazanie); nie krzywdź, doceniaj rodzinę i szanuj przyjaźń (4, 5, 6, 7, 8, 9 i 10). Wszystko to są wartości podzielane przez hinduistów, animistów i chrześcijan. A także przez część agnostyków i ateistów. Przykazania budzą w nas tęsknotę za światem idealnym, więc staramy się do nich zbliżyć.

Łamanie sumienia to postępowanie wbrew tej tęsknocie, która w nas jest.

Przywołajmy jakiś konkret, na przykład wartość rodziny. Czy mamy przymykać oczy na to, że dziś się rodziny przekształcają, rozpadają, kompilują na nowo, z innymi członkami? Takie rodziny są, także one stanowią wartość, ale może nie mają w sobie tego pierwotnego blasku? Jedna z zasad moralnych mówi, że należy powstrzymać się od działania, jeśli mamy co do niego wątpliwości. Należy wtedy sprawę porządnie rozkminić, rozłożyć na czynniki pierwsze. A wtedy albo osiągniemy pewność, by pójść za tym, co rozpoznaliśmy w sumieniu, albo przekonanie, że należy zrezygnować. W przypadkach naglących należy pójść za opcją bardziej prawdopodobną, a nie wygodną.

Jako katolik nie wstydzę się konfrontacji mojego subiektywnego sądu z obiektywną normą zewnętrzną, jaką jest Ewangelia i nauczanie Kościoła. Nie zawsze potrafię moje sumienie dobrze usłyszeć. Potrzebuję takiej normy, bo jestem słaby.

My, katolicy, powinniśmy dostosować nasze sumienie do nauczania Kościoła w taki sposób, by sumienia nie łamać. A jeżeli wątpliwości – mimo naszych szczerych, usilnych starań – dalej nie ustają, to jesteśmy zobowiązani, zachowując najwyższą ostrożność, pójść za głosem sumienia. Nie znaczy to, że później nie może się okazać, że byliśmy w błędzie, ale ten błąd był na tamten czas, powracając do żargonu teologicznego, błędem niepokonalnym.

To wszystko wydaje się bardzo rozmyte.

Ale ciekawe.

Skąd w Księdzu taka pewność, że wspomniane cienie przykazań to sumienie, a nie kod kulturowy?

Pan Bóg działa także przez psychologię i wychowanie. Nie wyrywajmy tak ostro Pana Boga z tego świata. *Gratia supponit naturam*, łaska bazuje na naturze. Jeżeli student się nie nauczy, a będzie wzywał Ducha Świętego, to On mu nie ma jak pomóc – nie ma na czym się oprzeć. Bóg bardzo rzadko działa *contra naturam*.

Czy pana wiara załamie się, gdy naukowcy znajdą w mózgu człowieka element odpowiedzialny za uczucia mistyczne? Gdyby stwierdzono, że oto wiara jest zaledwie częścią pracy mózgu? Albo gdyby ktoś otworzył nam czaszki i podrażnił ośrodek odpowiedzialny za odczuwanie Boga, to czy jest to dowód na Jego nieistnienie? Nie, to byłby dowód tylko i wyłącznie na to, że Pan Bóg nas tak cudownie stworzył przez ewolucję, że zaplanował odczuwanie Go poprzez emocje. Zaplanował dla nas także takie kody kulturowe, byśmy postępowali etycznie.

Pan Bóg jest bardzo delikatny. Z jednej strony widać duże napięcie, które bardzo lubię w teologii – Bóg, Nieporuszony Poruszyciel. Jak niektórzy efekciarze na kazaniu mówią: „Pan czasu i Pan historii, Ten, który działa ponad naszym matriksem, który jednym spojrzeniem widzi początek historii i jej koniec. Bóg osobowy, nieuchwytny Absolut, który nawet nie jest osobą, a funkcjonuje na sposób osoby, bo gdyby był osobą, toby wypełnił pewne granice, już nie byłby nieograniczony, absolutny".

Bóg funkcjonuje na sposób osoby, czyli wchodzi w relacje. Wchodzi w relację ze mną, z panem, ze wszystkimi, bo tylko między osobami jest możliwa relacja.

Wiara: Jest relacją

Co to znaczy, że Bóg wchodzi w relacje?

To znaczy, że kocha. Że człowiek jako taki został stworzony jako jedyny byt dla samego siebie, z miłości. W teologii mówi się, że *amor est diffusivum sui,* czyli że – jest to nieprzetłumaczalne dosłownie – miłość jest ze swej istoty rozlewna. Jeżeli przed czasem wyobrazimy sobie Boga jako skoncentrowaną miłość, to skoro *amor est diffusivum sui,* to ta miłość powinna wykipieć, gdyż nie może pozostać sama dla siebie.

Można powiedzieć, że Bóg nie chciał być sam w tej miłości. Kiedy chłopak się zakochuje, to pisze na drzewie: „Kocham Jolkę" i w ogóle dla Jolki jest gotów zrobić wszystko. I to jest ta nasza ludzka rozlewność, będąca cieniem Bożej relacji. Podobnie, tylko w sposób absolutny, działa Bóg. On wcale nie potrzebował świata, bo był pełny tej kipiącej miłości. Gdyby kogokolwiek potrzebował, to odczuwałby jakiś brak. A zatem nie byłby absolutną pełnią. Dlatego powstał wielki kosmos.

Nie kłóćmy się teraz, która teoria powstania kosmosu jest lepsza. Osobiście wolę tę reprezentowaną przez księdza Michała Hellera niż tę popularyzowaną przez profesora Hawkinga. Nurtuje mnie jednak pytanie: jeśli mamy rozwój ewolucyjny, to w którym momencie nastąpiło przejście od zwierzęcia do człowieka? Z jednej strony odległy, zimny Bóg, który wisi nad światem i się nim nie interesuje (jak mówią deiści). Z drugiej Ten, który ukotwicza wszystko w istnieniu i daje wszystkim bytom rację istnienia, jak twierdzą tomiści. A z trzeciej strony Bóg dramatycznie bliski przez budowanie relacji i przez fakt wcielenia, którym wtargnął w centrum historii, w biologię. A nawet przez biologię zbawił tenże wszechświat.

Jako bioetyk jestem bardzo ciekaw, jaki genom miał Chrystus. Jeśli Bóg nie działa *contra naturam*, to Chrystus musiał mieć genotyp, musiał znajdować się w stadium blastocysty, po prostu musiał przejść całą tę drogę rozwoju. Zapewne połowę swojego kodu genetycznego wziął od Matki Najświętszej. A co z resztą? Ducha Świętego o posiadanie genotypu nie należy posądzać, a obecność genów świętego Józefa zrujnowałaby teologię. Moja autorska wizja opiera się na domniemaniu, że owa radykalna bliskość Chrystusa polega też na tym, że On ma genotyp uniwersalny, wspólny wszystkim ludziom. Tym samym jeszcze pełniej uczestniczy w naszym człowieczeństwie.

Przyjmując naszą naturę, Bóg dał godność każdemu człowiekowi. Przy nalewaniu wody do wina podczas Mszy Świętej mówimy: „Daj nam, Boże, przez to zmieszanie wody i wina uczestniczyć w bóstwie Chrystusa, który raczył stać się uczestnikiem naszego człowieczeństwa". To wspaniała modlitwa, która ośmiela mnie do tej myśli, że mam wspólny genotyp z Bogiem!

Chrześcijaństwo to najpiękniejsza religia świata. Nie muszę, jak buddysta, rozpływać się w pleromie, uciekać od własnego ciała i znikać po to, żeby nie cierpieć. Nie muszę, jak nasi starsi bracia w wierze, wykonywać tysiąca czynności na granicy nerwicy natręctw, które mnie uchronią od bycia nieczystym. Nie muszę, jak nasi bracia muzułmanie, potwornie się bać Boga. W której religii możesz do Boga powiedzieć: Ojcze? W której religii możesz do Boga powiedzieć: bracie? W której Bóg stał się bezbronnym dzieckiem, będąc przecież wielkim i nieogarnionym? Który rozwijał się, rósł, dojrzewał – był nastolatkiem, więc zapewne podobały

Mu się dziewczyny, a rano doświadczał tego, czego doświadcza każdy zdrowy mężczyzna?

To jest fascynujące, ponieważ Chrystus także przez biologię dokonuje dzieła odkupienia, czyli spala się do końca. Oddaje swoje ciało, w cudowny sposób zmartwychwstaje. Odzyskuje jakąś formę ciała, a my pewnie będziemy mieć zbliżoną po naszym zmartwychwstaniu, jak przypuszcza teologia. Na razie my, jako ta spocona biologia, która czasem z siebie wydaje nieprzyjemny zapach, mamy niezwykły przywilej przyjęcia Jego Ciała. Ta bliskość Boga, w dwójnasób bliskość – On przyjął nasze ciało, a my z ołtarza przyjmujemy Jego Ciało, prawdziwe, realne, substancjalne Ciało – to nie jest sen. To jest On, choć się „myli wzrok i smak, a kto się im poddaje, temu wiary brak".

Mając w pamięci Księdza wspomnienia z dzieciństwa i te słowa, mam wrażenie, że w duchowości najważniejsza jest dla Księdza Eucharystia.

Jak sam pan zauważa, ten wątek zatoczył w historii mojego życia koło: pojawił się na pierwszym etapie, w dzieciństwie, powraca teraz na być może ostatnim etapie, przed śmiercią.

Chorowanie i mówienie o własnej śmierci, przetrawienie tego wszystkiego, pozwoliło mi na nowo odkryć bliskość Boga przez fakt wcielenia. Wszyscy chorzy chorują też biologicznie, ale przecież, na litość boską, Pan Bóg z naszymi chorobami nie ma nic wspólnego; w tym sensie, że Bóg nie siedzi na chmurze i nie mówi: „Kaczkowski, wasza gęba mi się nie podoba, będziecie mieć mutację nowotworową".

Cierpienie: Jest

Ale dramat pytania o cierpienie odsłania się w sytuacji, gdy choruje dziecko lub matka. Czy Bóg ma coś wspólnego z cierpieniem, które się pojawia w naszym życiu?

Pamięta pan ironiczny komentarz, który ostatnio wspólnie przeczytaliśmy pod moim ostatnim wpisem na blogu, czy nie możemy poprosić Opatrzności, aby nie zsyłała cierpienia na małe dzieci?

Na początku Biblii mamy symboliczny obraz: widzimy, jak szatan, ojciec kłamstwa, idzie do Ewy i pyta ją: czy to prawda, że Bóg zakazał wam jeść ze wszystkich drzew tego ogrodu? Ewa robi podstawowy błąd, wchodzi w dialog ze złem. Chcąc bronić Boga, mówi: „To nieprawda, możemy jeść ze wszystkich drzew tego ogrodu, tylko z jednego, drzewa poznania dobra i zła, nie". Dodaje od siebie, co jest charakterystyczne w kontakcie ze złem – „a nawet go dotykać". Bóg w tym obrazie niczego o dotykaniu nie mówił. To ona chciała wypaść wiarygodniej. Ot, taka niewinna nieścisłość. Na to symboliczny szatan odpowiada: „Na pewno nie pomrzecie", co oznacza: „Nie ufajcie Bogu. Bóg jest paskudnym starcem, który siedzi na chmurze i was nienawidzi. Jest dziadem zazdrosnym o własną władzę, o swą boskość. A jak zjecie jabłko, to będziecie tacy jak On. Na pewno nie pomrzecie, Bóg kłamie, bo nie chce waszego dobra". Jeżeli to przyjmiemy, to cała wiara na nic. Jeżeli przyjmiemy Boga jako bliskiego i w chorobie dostrzeżemy pewną logikę, jeżeli Pan błogosławił mnie i mojej rodzinie, kiedy byłem młody, piękny i bogaty, to nie ma powodu, bym założył, że potem odwrócił ode mnie swoją twarz. Bo Bóg jest wierny, to raczej my bywamy niewierni.

Ale jak wytłumaczyć cierpienie niewinnych?

Oczywiście najróżniejszymi przypadkami medycznymi. Ktoś powie, że Pan Bóg mógłby każdą z chorób zatrzymać. Wciąż mam przed oczami papieża Benedykta, który rozmawiał przez internet z dziećmi. Jedno z pytań zadała dziewczynka z Japonii, nawiązując do mającego tam miejsce tsunami, które zabiło ponad dwanaście tysięcy osób. „Ojcze Święty – pytała – dlaczego?". A ten wielki, mądry teolog, z bezbrzeżną szczerością i bezradnością odpowiedział: „Nie wiem". My, polscy księża, którzy uważamy, że powinniśmy mieć odpowiedź na wszystkie pytania świata, mówimy: „To tajemnica" albo: „Po tamtej stronie życia wszystko nam się ułoży". Lepiej uczmy się pokory od Benedykta XVI.

Jeżeli zaś zaczniemy Boga obwiniać o wszystko, co się dzieje złego w naszym życiu, zaczniemy wygrażać Mu palcem i przeklinać, to cóż nas uchroni przed utratą wiary? Bóg nie jest poza naszym matriksem, jest w nim, jest w nas, jest dramatycznie blisko każdego. Na poziomie emocji jako dyrektor hospicjum przeżywam dramaty moich pacjentów, na poziomie emocji rozumiem ich wściekłość. To taka wściekłość, że ktoś musi dostać po łbie, a Pana Boga nie widać, więc Jemu najłatwiej dołożyć. Jemu lub ewentualnie Jego naziemnemu personelowi, czyli mnie.

Co oznaczają te okrągłe słowa, że Bóg jest blisko, a więc też blisko w cierpieniu?

Niektórzy mówią, że jako cierpiący muszę łączyć swoje cierpienie z cierpieniem Jezusa. Nie jest to dla mnie przekonujące, a wręcz wydaje mi się nielogiczne, choć nikomu nie bronię prób wykorzystywania własnego dyskomfortu ku chwale zbawienia. Inni z kolei już całkiem głupio mówią, że kogo Pan Bóg kocha, temu krzyżyki zsyła. To wierutna bzdura.

W moim przekonaniu cierpienie fizyczne ma zerową lub minimalną wartość etyczną. Po to Bóg dał nam rozum, po to dzięki temu rozumowi rozwijamy medycynę, żebyśmy z cierpieniem fizycznym walczyli.

Te słowa wywracają sposób narracji obecny w Kościele.

Kiedy o tym mówię, ludzie się oburzają. Przeraża mnie, gdy słyszę słowa kierowane w Kościele do kobiet, że ich trwanie w patologicznym małżeństwie z pijakiem, który je bije i wyniszcza psychicznie, jest chwalebnym męczeństwem: „Nieś swój krzyż". To bardzo groźne podejście do sprawy. Małżeństwo jest ogromną wartością i jest nierozerwalne. Ale kiedy stanowi zagrożenie dla życia, to samo życie jest wartością wyższą i aby je zachować, należy się bronić lub uciec przed zagrożeniem. Ocalić siebie, to obowiązek! A jeśli któryś ze spowiedników tego nie rozumie, to powinien pójść jeszcze raz na kurs teologii.

Chrześcijaństwo nie jest religią cierpiętników. Bóg zbawił świat przez własne cierpienie. On, wielki Bóg w człowieczym ciele, wziął na siebie całe cierpienie świata. Ale naprawdę: Bóg nie potrzebuje naszego bólu, żeby jeszcze doskonalej zbawić świat. Dobrze wiemy, że wystarczyłaby jedna kropla krwi Chrystusowej, żeby cały świat był zbawiony. Świat już jest odkupiony i zbawiony!

Jak praktycznie sobie z tym poradzić? Kiedy, dajmy na to, wywalono by pana niesprawiedliwie z pracy, to w tej niesprawiedliwości Chrystus będzie z panem. Jeżeli dowiaduje się pan o ciężkim, a nawet śmiertelnym rozpoznaniu chorobowym, to przecież Chrystus pana nie zostawia, lecz jest stale z panem.

To brzmi zbyt abstrakcyjnie, mówmy konkretnie. Jak Bóg jest teraz z Księdzem?

Mówię na poziomie logiki, a nie emocji. Niech pan pomyśli. Jesteś Jego ukochanym dzieckiem i Jego bratem, za którego oddał wszystko. Myślisz, że gdy dzieje ci się coś złego, to On jest daleko? Na poziomie emocji jesteśmy wściekli na chorobę, lekarzy, przypadek. Trzeba uchwycić się za uzdę i powiedzieć sobie: „Stop, przestań panikować. Jak jesteś wierzący, to nie daj się zepchnąć w otchłań rozpaczy, która może być destrukcyjna, ale po drabince *step by step* z tego dołka psychicznego wychodź, żebyś zachował godność i wiarę".

Przecież Jezus musiał być załamany wiedzą o swoim losie, jeszcze bardziej niż ja, dowiedziawszy się o chorobie i jej późniejszej wznowie. Powiem to panu wprost: sam nie uniósłbym informacji, że umrę za kilka miesięcy. Myślę, że Chrystus – mówiąc obrazowo – płakał, denerwował się, cierpiał. Bóg jest Bogiem kochającym, wchodzącym w nasze nieszczęście, pomagającym nam je nieść.

Także wtedy, kiedy upadamy moralnie. Jak się potykamy w życiu i wpadamy gębą w błoto, to Chrystus nas nie stawia do pionu, podnosząc za kudły. Jest obok, choć nie w błocie, wymyśla plan ratunkowy. Dopiero co dowiedziałem się, że ksiądz Witold Bock z mojej diecezji odchodzi z kapłaństwa. Jezus zna cały kontekst sprawy. Nie nam sądzić, co się dzieje w człowieku. Oczywiście, porzucenie swego powołania, czy to kapłańskiego, czy małżeńskiego (poza ekstremalnymi przypadkami, o których wspominałem), stanowi obiektywną winę moralną. Ale przecież dopóki żyjemy, możemy przyjąć zbawienie.

Pyta mnie pan o moją religijność, odpowiadam z mojej perspektywy, ale tak nie muszą myśleć wszyscy. Ja w ten sposób próbuję sobie wytłumaczyć te skomplikowane rzeczy.

Człowiek rzuca kapłaństwo, a Bóg zastanawia się, jak mu pomóc? Jak to połączyć ze sformułowaniem, które wszyscy, zwłaszcza dzieci w szkole, słyszą, że Bóg jest sędzią sprawiedliwym, który za dobro wynagradza, a za zło karze?

Te dwa spojrzenia wcale nie stoją ze sobą w sprzeczności. To, że Chrystus jest tak blisko i chce nas zbawić, nie zwalnia nas z odpowiedzialności i obowiązku szukania Boga. Pan Bóg jest tak delikatny, że nigdy nie wpieprza się w nasze życie w sposób dosłowny, nigdy nas Bożym paluchem nie przestawia. Kiedy dzieje się coś złego, nie mówmy: „Załatw za mnie, Panie Boże, tę sprawę". Nie módlmy się: „Zrób to czy tamto". Zachęcam, by próbować innych słów: „Uzdolnij mnie, Duchu Święty, przybądź, rozwiń dary, których zalążek otrzymałem w bierzmowaniu: mądrości, roztropności, męstwa, żebym to ja sam umiał załatwić swoje sprawy przy Twojej pomocy".

Bóg za dobro wynagradza, a za zło karze, jest sędzią sprawiedliwym. To wszystko prawda. Prawdą jest też to, że miłosierdzie jest zawsze przed sprawiedliwością.

Trochę się boję, zresztą wszyscy powinniśmy się bać, Bożego sądu. Wyobrażam sobie, że staniemy po tamtej stronie w zupełnej prawdzie o sobie, staniemy jako czyste sumienia, jako osoby, nie jako ludzie, bo człowiek się rozpada; w momencie obumarcia mózgu nie mamy już do czynienia z człowiekiem, ale mamy dalej do czynienia z osobą.

Zbawienie: Jest szczęściem

Boi się Ksiądz piekła?

Boję się, to oczywiste. Tu chodzi o odpowiedzialność za własną wolność. Wprawdzie, jak wspomniałem, Pan Bóg nie dał nam wolności po to, byśmy się nią pocięli jak małpa brzytwą, ale po to, byśmy ją unieśli. Jestem w stanie wyobrazić sobie, że są sytuacje, w których ktoś albo ja tej wymagającej wolności nie udźwignęliśmy. Katechizmowe rzeczy ostateczne człowieka (śmierć, sąd Boży, niebo albo piekło) brzmią groźnie i jednoznacznie. Nikt logiczny z nimi nie dyskutuje. Zwłaszcza ze śmiercią. Pluszowi chrześcijanie mówią tylko o opcji A (niebo). Chrześcijanie realiści, przywiązani do własnej podmiotowości, powinni bez przerażenia pamiętać o opcji B (piekło). Byłoby pogwałceniem ludzkiej wolności, gdyby wszyscy automatycznie realizowali plan A. Staniemy wobec Boga osobowego, nie jakiegoś banalnego trybunału siedzącego za stolikiem z wagą. Myślę, że wtedy zobaczymy sami w pełnej prawdzie nasze wybory fundamentalne i cząstkowe. Zobaczymy Boże światło, które będzie nas ku sobie pociągać z różną siłą. Szczęście, którego doświadczymy, będzie przyrastało w postępie geometrycznym. 2, 4, 8, 16, 32, 64, 128 i aż do nieskończoności. Nieustannie będziemy zaskakiwani tą niebywałą dynamiką. Dążenie do tego stanu możemy nazwać czyśćcem. Czyściec to dla mnie cierpienie (w końcu wszyscy mistycy mówią o cierpieniu dusz czyśćcowych) z tęsknoty, to poczucie, że nie mam jeszcze w sobie tyle światła, by zjednoczyć się z osobową Światłością. Kiedy po czyśćcu osiągnę zjednoczenie i rozpocznie się opisany we wspomnianej funkcji geometryczny przyrost szczęścia, doświadczę zbawienia wiecznego. Nie jest ono żadnym nudnym, statycznym miejscem, banalnym śpiewaniem „Alleluja" na puchatej chmurze. Najbardziej pociąga mnie w nim jego dynamiczność, a w niej szansa na wszelkie możliwe działanie, bez skrępowania czasem, materią i przestrzenią (przy zachowaniu świadomości). Będzie poczuciem, że szczęście tak nas wypełnia, że obrazowo mówiąc, chce nas rozerwać. Ale to się nie dzieje, bo ono przyrasta, przyrasta, przyrasta, a my jesteśmy cały czas tym przyrostem zaskoczeni. A w końcu paruzja, sąd ostateczny, nowe niebo i nowa ziemia, poznanie całej konsekwencji dobra i zła i otrzymamy nasze przebóstwione ciała. To klasyczny wykład teologii. Pamiętajmy, że wszystko dzieje się w zupełnie innym, ponadczasowym wymiarze. I „że ani oko nie widziało, ani ucho nie słyszało" (1 Kor 2, 9). Na pewno będziemy megazaskoczeni. Mówi się, że po duchowym widzeniu piękna zaświatów święty Tomasz z Akwinu chciał spalić *Summę teologiczną* i wszystko, co napisał, uznając, że są to śmieci wobec rzeczywistości, którą zobaczył. Współbracia go od tego odwiedli, dzięki czemu mogę snuć swoją opowieść najprawdopodobniej w zgodzie z nauczaniem Kościoła.

Analogicznie jest z potępieniem. Stajemy w prawdzie wobec Światłości, nie potrafimy kłamać, czujemy tylko, jak wielką ciemnością było nasze życie. Kościół nigdy o nikim nie powiedział, że jest potępiony. Ale bywa taki mrok w ludzkich decyzjach, który paraliżuje. Słyszałem o mężczyźnie, który zmusił zakochaną w sobie kobietę do usunięcia ich wspólnego dziecka, co on uczynił z okrutną obojętnością, a ona z największym cierpieniem. Następnie opuścił swoją partnerkę i niedługo potem poddał się eutanazji. Od tych wyborów, realizowanych tak cynicznie, bije mrok. Nie oceniam losu tego człowieka, ale czuję się wręcz przymuszony do intensywnej modlitwy o szansę jego zbawienia.

W modlitwie lubię zwrot: „a szczególnie za dusze, które najbardziej potrzebują Twojego miłosierdzia". Może Bóg dał mu jeszcze szansę między wstrzyknięciem zastrzyku a śmiercią?

Być może potępienie polega na zobaczeniu, jak bardzo nie pasujemy do Boga, jak niezwykle nasza ciemność kontrastuje z Jego światłością? To nie Bóg nas potępia, lecz to my sami chcemy uciec ze wstydu sprzed Jego oblicza, a w efekcie ucieczki popadamy w nicość. Aż rozwija się przed nami wieczność naznaczona samotnością i cierpieniem.

I znowu geometryczny przyrost: cierpienia, ciemności, nienawiści do siebie i Boga, a przede wszystkim dojmującej samotności. I tak na zawsze, w nieskończoność. Z tą różnicą, że nigdy nie nastąpi ukojenie, a my jesteśmy tego świadomi.

Czy nie obawia się Ksiądz – szczerze, otwarcie – że po śmierci okaże się, iż „tam" nic nie ma?

Jeśli okaże się, że śmierć to zwykłe *game over*, wcale nie jestem tym przerażony. Po prostu wynikać z tego będzie tyle, że jesteśmy najinteligentniejszą formą istnienia białka. Taki scenariusz wydaje mi się logiczny, ale bardzo mało prawdopodobny. I nawet gdyby miał być prawdziwy, to w żadnej mierze nie jest argumentem za tym, żebyśmy byli łajdakami.

Biskup Grzegorz Ryś podkreśla, że aby głosić Ewangelię, trzeba mieć najpierw doświadczenie spotkania z Panem Bogiem. Zgadza się Ksiądz z tym?

Jak inaczej mówić o czymś przekonująco? Nie opowiedziałbym o Eucharystii, gdybym jej osobiście nie przeżywał.

Czym jest doświadczenie Eucharystii?

Opowiem najpierw o pewnym kryzysie, którego doświadczyłem. Kiedy byłem katechetą w liceum, co rok organizowałem przed maturą (wtedy lękowo-neurotyczna pobożność wzrasta) pielgrzymkę do Częstochowy. Nasza trasa wiodła jednak najpierw przez były obóz koncentracyjny Auschwitz. Klasie maturalnej pokazywałem, do czego jest zdolny człowiek, żyjąc bez Boga i bez sumienia. Wcześniej przeprowadzałem lekcje na temat Holokaustu, mówiąc młodzieży, że jeżeli ktoś będzie sobie tam na miejscu robił jaja, to nie ręczę za to, co mu urwę. Kiedy uczniowie zadawali klasyczne pytanie, gdzie Bóg był w Auschwitz, odpowiadałem, że był w przykazaniu „Nie zabijaj". W drodze byliśmy całą noc, a na miejscu nawet największe ogry zachowywały się godnie. Potem Kalwaria Zebrzydowska i pierwsza Msza, Wadowice (taka katolicka popkultura – muzeum, kremówki, „Czas ucieka, wieczność czeka") i Częstochowa.

W drodze przesiadałem się pomiędzy autobusami i mówiłem konferencje o spowiedzi. Tego kryzysowego roku czułem się jak bydlę. To znaczy: wydawało mi się, że ja nimi manipuluję. Wykorzystując ich strach i znając ich problemy, przeprowadzałem rachunek sumienia w taki sposób, by poruszyć najbardziej wrażliwe struny. Relacje z rodzicami, kompleksy, narkotyki, dawne krzywdy, molestowanie. Dziś wiem, że te rachunki sumienia były naprawdę profesjonalne i nie były żadną manipulacją. To był po prostu kryzysowy rok.

Wróćmy na Jasną Górę. Po całonocnej spowiedzi, wykończony i niedospany, odprawiałem Mszę Świętą w bocznej kaplicy (żeby mieli komfort, byli blisko ołtarza i żeby nikt nam nie przeszkadzał). Wtedy przyszła mi do głowy myśl, że to ściema.

Sumienie nie dawało mi spokoju. Skupiałem się na tym, żeby pobożnie odprawić Mszę. Oni przecież nie mogą zauważyć, że ja wątpię. Miałem poczucie, że moją obłudę widzą wszyscy. Tym bardziej pieczołowicie sprawowałem liturgię. Kiedy mówiłem z pasją kazanie o Jego realnej obecności, czułem się jak szmata, mając wątpliwości. Pamiętam, jak pochyliłem się nad ołtarzem, przepisowo wzniosłem oczy na krzyż, uniosłem w górę Hostię, która przypadkowo tak się przekrzywiła, że znak krzyża, który jest wgłębieniem pomagającym ją przełamać, utworzył literę X. Dopadła mnie okropna myśl, że przecież X oznacza niewiadomą, a niewiadoma jest pustką. Przerażony odłożyłem konsekrowany chleb, uklęknąłem i próbowałem jeszcze bardziej się skupić, brnąc z męką przez potwornie wydłużającą się liturgię. Nadeszła chwila uniesienia chleba i wina, Ciała i Krwi (wielka doksologia, „Przez Chrystusa, z Chrystusem i w Chrystusie"). A więc unoszę Je, odkładam i nic! W swoim wnętrzu czuję rozlewający się spokój i słyszę łagodny głos sumienia: „Jaśko, co ty byś chciał? Żebym zrobił teraz fiku-miku? Zaufaj, to jestem Ja".

Wtedy zdałem sobie sprawę, że cały czas czekałem na jakieś emocje. A to na dreszcz w kręgosłupie, a to na podnietę religijną. Choćby promień światła, który przez witraż oświetli Hostię. Nic takiego się nie wydarzyło. Ale za to przyszedł wewnętrzny spokój. To mi dało zaufanie w kryzysie.

Tak samo mam teraz z chorobą. Powtarzam sobie: „Zaufaj". Tylko i aż tyle. Jak przyjdzie kolejna trudna diagnoza, to też będzie mi ciężko. Ale zaufam, chcę zaufać. Czy mam inne wyjście? Nie chcę zmarnować czasu, który dał mi Bóg, na pogrążanie się w rozpaczy.

Miłosierdzie: Jest potrzebne

W jaki sposób, poza wymienioną już Eucharystią, dba Ksiądz o swoją relację z Bogiem?

Cenię Koronkę do Bożego Miłosierdzia.

Ze względu na...

...ze względu na to, że będę go bardzo potrzebował, a poza tym doświadczam jej skuteczności przy umierających.

Skuteczności?

Myślę o sytuacjach, gdy ktoś nie może skonać. Koronka, Litania do Świętego Józefa i Litania do Wszystkich Świętych to wtedy modlitewny zestaw obowiązkowy.

Odpowiadają mi te tradycyjne katolickie modlitwy. Recytuję je, śpiewam. Czasem jadę samochodem i drę koparę „Święty Boże, Święty Mocny...". Niektórzy na światłach dłubią w nosie, malują się, a ja śpiewam. Staram się cały dzień żyć w Jego obecności. Odmawiam akty strzeliste: „Panie, wysłuchaj modlitwę moją" – *Domine, exaudi orationem meam*. Żegnam się rano, gdy się golę lub myję zęby, odmawiam „Pod Twoją obronę", a wieczorem rachunek sumienia, Koronka do Bożego Miłosierdzia oraz eucharystyczna. No i jeszcze brewiarz. W jego dodatku dwie moje ulubione modlitwy: „Duszo Chrystusowa" i „Przyjmij, Panie, całą wolność moją". Doceniam i praktykuję metodę *lectio divina*.

Jest Ksiądz zwolennikiem tradycyjnych modlitw. Nie gustuje Ksiądz w bardziej „nowoczesnych" formach?

Trudno coś nowego wymyślić. Jak inaczej i coraz doskonalej mówić Jemu o własnej miłości i deklarować wierność? Dla księdza diecezjalnego praca i posługa są modlitwą. Proszę pamiętać, że obowiązki stanu wyprzedzają obowiązki religijne. Życie jest modlitwą. Dla mnie również praca jest modlitwą. Gdybym w hospicyjnej kaplicy leżał krzyżem i biczował się, gdybym odprawiał wielogodzinne adoracje, a za ścianą chorzy umieraliby bez sakramentów, rodziny pozostały bez wsparcia i zabrakło forsy na leki i jedzenie, tobym grzeszył. Przez zaniedbanie obowiązków stanu. Na nic moja modlitwa. Nie jestem mnichem. Podobny problem widzę u ludzi świeckich, niezwykle mocno zaangażowanych w życie Kościoła. Czasem działanie, ewangelizacja, życie jakiejś konkretnej grupy albo wspólnoty tak ich pochłania, że zaniedbują obowiązki domowe. To błąd.

Tradycyjną formą modlitwy jest też wieczorny rachunek sumienia. Zachęcam, żeby śmiało padać przed Bogiem na kolana (chyba że zmęczenie zwala nas wprost do łóżka), analizować swój dzień krok po kroku, wypunktowywać słabe momenty, doceniać momenty dobre, a na koniec za dobro podziękować, za zło przeprosić i jeszcze zmówić spowiedź powszechną. Taki rachunek sumienia działa ozdrowieńczo, jest naszą gwarancją, że następnego dnia rano wstaniemy wyprostowani. Można też spróbować rano robić „uprzedzający" rachunek sumienia, na przykład zmierzyć się w myślach z nadchodzącym dniem. Znowu, obawy polecić Bożej opatrzności. Chwile przyjemne i ewentualne sukcesy już mu oddać, żeby nie wpaść w pychę.

CHOROBA

albo przejęzyczenie

czyli opowieść o wejściu klinem i jajku niespodziance,
a także o działaniu z niskich pobudek
oraz o prawie do śmierci i łechtaniu próżności

W drodze do Pacjenta. Luty 2015 r. – fot. Damian Kramski

Rak: Ciach!

Spodziewał się Ksiądz swojej choroby czy informacja o niej przyszła nagle?

Obserwując nowotwory, zastanawiałem się, kiedy jakiś mnie trafi.

Dlaczego miał Ksiądz takie myśli?

Wszędzie wokół nowotwory ciachały, ale nie w moim najbliższym otoczeniu. Nie pragnąłem choroby i nie wzywałem jej ku sobie. Może popełniłem inny błąd, a może jest to błogosławiona wina, jak mówi *Exsultet*?

Nigdy się nie spodziewałem, że będę starym księdzem. W Liturgii Godzin znajduje się modlitwa: „Noc spokojną i śmierć szczęśliwą niech nam da Bóg Wszechmogący, Ojciec i Syn, i Duch Święty. Amen". A ja zupełnie nieświadomy efektu mówiłem: „śmierć szczęśliwą a rychłą". Nie mam pojęcia, skąd się to przejęzyczenie wzięło. Może było mi spieszno do zbawienia albo do sytuacji granicznej, żeby zaspokoić swoją ciekawość, jak bym się w niej zachował? Czy zachowałbym wiarę, czyby się ona rozpadła jak wydmuszka?

Jak zaczęła się Księdza choroba?

Widzę wyraźnie związek między stresem a rozwojem chorób nowotworowych. Rok 2010 był dla mnie pełen napięcia. Kończyliśmy budowę hospicjum i je wyposażaliśmy. Podpisaliśmy kontrakt, mieliśmy pierwszych pacjentów.

Zacząłem odczuwać ból w brzuchu. Myślałem, że to trzustka. Otrzymałem skierowanie na USG. Miałem już nie wykonać prześwietlenia, ponieważ w międzyczasie okazało się, że to najzwyklejsza przepuklina. Ale moja zastępczyni namówiła mnie: „Skoro już jesteś zapisany, to jedź!". Na USG wybrałem się w pełnej beztrosce. Leżę na kozetce, pani doktor mnie bada i widzę, że robi się coraz bardziej skupiona, zaczyna mnie gnieść głowicą aparatu i pyta: „A co się księdzu dzieje z nerką?". „Z nerką? Nic". Zrobiła zdjęcie, pokazała, co ją niepokoi, i skierowała mnie na urologię do Wejherowa.

Nie odczuwał Ksiądz żadnego bólu?

Ani nie odczuwałem bólu, ani nie dostrzegałem objawów. Kolejny lekarz opisał zmiany na nerce jako około dwu-, trzycentymetrowy guz otoczony torbielą. „Gdybym nie widział tej zmiany na zdjęciu – mówił – to stwierdziłbym, że nerka jest zdrowa". I dodał: „Brawo dla pani doktor". Kazał mi diagnozować się dalej. Przeszedłem więc przez kilka konsultacji, po których ów lekarz powiedział mi: „W szpitalach będą proponować księdzu różne rozwiązania". Faktycznie, jeden proponował, żeby nie ingerować, lecz obserwować. Drugi, żeby nerkę usunąć. Trzeci, uznany profesor, przed którym płaszczyła się moja bratowa, również lekarka, powołując się na zdawane u tego człowieka egzaminy, proponował operację laparoskopową. Podczas rozmowy rozsiadł się w fotelu i zaczął opowiadać, iluż to operował prałatów i kościelnych notabli. „Chłopie, a co mnie to obchodzi. Mnie chodzi o moją nerkę" – pomyślałem. W ogóle nie wzbudził mojego zaufania, więc o operacji u niego nie było mowy. Wróciłem do Wejherowa.

Lekarz w Wejherowie poświęcił mi swój czas. Porozmawiał ze mną, wytłumaczył zaobserwowane zmiany, narysował schemat nerki i operacji. Zaproponował: „Otworzę księdza, wytnę kawałek żebra, żeby mieć lepsze dojście, i spróbuję wejść klinem. Wygląda na to, że zmiana jest otoczona torbielą i nie wchodzi w kielich nerki, więc samą nerkę spróbuję oszczędzić. Ale powinien ksiądz podpisać zgodę, by w razie zmiany oceny sytuacji w trakcie operacji było możliwe usunięcie całej nerki". Informacja o dobrze rokującym nowotworze nerki z dzisiejszej perspektywy była dla mnie większym szokiem niż późniejsza o glejaku. Operacja się udała. Lekarz oszczędzająco usunął tylko zmianę. Od tego czasu konieczne są kontrole. Pomimo glejaka chodzę na nie. Przecież byłoby głupio umrzeć na typowy jasnokomórkowy nowotwór nerki. Przynajmniej wiedziałem, na czym stoję. Wyglądało na to, że jest dobrze. Gdyby nowotwór był większy, miał ponad cztery centymetry, mógłby dać odległe przerzuty. Nawet do mózgu.

Po operacji potwornie mnie bolało. Okazało się, że to typowa sytuacja. Tak zwany pacjent z protekcji. Jeżeli lekarze chcą wobec znajomego zrobić więcej i lepiej niż zwykle, zawsze coś się schrzani. W moim przypadku podczas narkozy założono mi cewnik do kręgosłupa, aby po operacji móc skutecznie opanować ból. Niestety, pewnie przy przekładaniu na wózek końcówka cewnika wysunęła się i lek nie trafiał tam, gdzie powinien. Niemal wyłem z bólu. A wszyscy mówili: „Przecież podajemy leki". Na szczęście sytuacja szybko się wyjaśniła i stanąłem na nogi.

Stres: Ciężko żyć

Na długo?

Szybko dopadł mnie stres. Niespełna dwa lata później razem ze świeckim kolegą chcieliśmy założyć szkołę katolicką, wykorzystując do tego zaplecze parafialne i hospicyjne oraz środki unijne. Miałem nawet od arcybiskupa pisemne pozwolenie na rozpoczęcie działań. Uzyskałem zgodę od rodziny pana marszałka, by szkoła nosiła imię Macieja Płażyńskiego, który dwa lata wcześniej zginął w katastrofie smoleńskiej. Tymczasem w kurii zaczęły pojawiać się donosy. Okazało się, że pomysłowi sprzeciwia się ówczesna dyrektorka puckiego gimnazjum oraz ówczesny burmistrz, którzy postrzegali naszą inicjatywę jako konkurencję. Arcybiskup, zapewne wprowadzony w błąd, przysłał do nas komisję. Komisja, trzymając się dość niskich, a wręcz obrzydliwych standardów, przesłuchała proboszcza, mojego kolegę i mnie. Dopuszczano się nawet straszenia w iście ubeckim stylu, włącznie z niepokojącymi telefonami i oczernianiem ludzi. Członkami tej komisji byli księża, których znałem. Jeden z nich piastował funkcję dyrektora nieodległych szkół katolickich, dla których nasza inicjatywa mogła być niewygodna.

Stres, który przeżywałem, bardzo się nasilił. Przyszłość hospicjum zawisła na włosku. Bałem się też o siebie. Dręczyła mnie myśl, że zostanę przeniesiony poza Puck. Nie mogłem spać. Drżałem o losy hospicjum. Zrozumiałem, że pobudki kierujące komisją są naprawdę niskie. Tam gdzie w Kościele pojawia się mowa o pieniądzach, nie można spodziewać się niczego dobrego. Szczęście w nieszczęściu było takie, że mogliśmy, nie narażając się na kary, wycofać się z projektu unijnego. Zrobiliśmy to. Kolega jednak dopiął swego i założył tę szkołę jako świecką, a jego przedsięwzięcie nadal funkcjonuje.

Jednak w tym okresie doświadczałem tak dużego strachu, że ciężko było mi żyć. Zacząłem wtedy modlić się za wstawiennictwem księdza Jerzego Popiełuszki. Popiełuszko w jednym z wywiadów skarżył się, że czasem czuje się gorzej traktowany przez pracowników kurii niż przez ubeków. Kurialiści nękali go, bo oceniali, że uderza w kompromis między władzą a Kościołem zawarty po stanie wojennym. Jego działaniom zarzucali politykierstwo i gwiazdorstwo. Kiedy w roku milenijnym kardynał Józef Glemp przepraszał za grzechy ludzi Kościoła, z widocznym wzruszeniem mówił o swojej osobistej winie. „Nie byłem w stanie uratować księdza Jerzego". By nie wspomnieć tego, że świętej pamięci kardynał Józef zagrał w filmie *Popiełuszko* samego siebie. To pokazuje klasę zmarłego kardynała.

Przesadza Ksiądz w ocenie pracy komisji.

W obecności proboszcza zacny prałat, członek komisji, zwrócił się do mnie tymi słowami: „Wydaje ci się, że jak raz stanąłeś pod latarnią, to będziesz kurwą przez całe życie?". Miał na myśli to, że będę wykorzystywał fakt powołania hospicjum do budowania własnej pozycji i wygodnego życia. Nadmienił także, przeklinając mi do ucha: „Co ty myślisz, że media cię obronią? «Wyborcza» z TVN? Zniszczymy cię". Wściekałem się strasznie. Aż się trząsłem na myśl, że ludzka podłość może zniszczyć hospicjum.

I bałem się o siebie, czy będę mieć odwagę na swoje własne *non possumus*. Jak postąpię? Wtedy zacząłem prosić księdza Jerzego o wsparcie, by wyzwolił mnie z tego panicznego strachu. Dziś jestem już wolny, także od przywiązania do hospicjum za wszelką cenę. Kiedy później przyszła wiadomość o chorobie, znów odczułem bliskość z księdzem Jerzym. On też żył ze świadomością, że śmierć na niego czyha, a mimo to nie zrezygnował z robienia tego, co uważał za swój obowiązek.

Po zamknięciu sprawy szkoły katolickiej mógł się Ksiądz na powrót zająć hospicjum.

I to w pełnym wymiarze. Arcybiskup Głódź w odpowiedzi na mój list, w którym, przepraszając, poprosiłem o zwolnienie z obowiązku powołania szkoły katolickiej, gdyż nie byłbym w stanie udźwignąć tego projektu równolegle z prowadzeniem hospicjum, wezwał mnie na rozmowę. Podczas spotkania okazał zdenerwowanie, wyraził kilka ocen dotyczących mojej osoby, wreszcie przedstawił dekret, zgodnie z którym od tej pory miałem zająć się wyłącznie prowadzeniem, rozwojem i apostolstwem hospicjum. Tak też czynię.

Jeśli mnie pamięć nie myli, działo się to na przełomie lutego i marca 2012 roku. Sytuacja się uspokoiła. Zgodnie ze wspomnianym dekretem zostałem zwolniony z jakiejkolwiek zależności od parafii w Pucku (wcześniej formalnie byłem rezydentem, a proboszcz parafii Świętych Piotra i Pawła pozostawał moim bezpośrednim przełożonym). Wiosną tegoż roku zachorowałem na grypę. Nie mogłem jej doleczyć. Przeciągała się, a ja byłem coraz bardziej zmęczony. Zawsze tak się działo. Gdy dopadała mnie infekcja, zmęczenie, to dotkliwiej odczuwałem niedowład lewej połowy ciała. Myślałem, że i tym razem, gdy odpocznę, wszystko minie. Dlatego pewnie lekceważyłem dziwne drętwienie w lewej nodze i ręce.

Nie odczuwałem niepokoju. Poważnie do myślenia dała mi sytuacja na trasie, kiedy prowadziłem samochód w drodze na wykłady do Torunia. Zatrzymali mnie policjanci, którzy twierdzili, że moje auto jechało wężykiem. Kiedy upewnili się, że nie jestem pod wpływem alkoholu, zapytali, jak się czuję. Zrozumiałem, że dzieje się ze mną coś niepokojącego. Przeszła mi przez głowę myśl, czy to aby nie wylew. Policjanci mnie puścili. Dojechałem na miejsce, przeprowadziłem wykład, wróciłem. Miałem tyle pracy, że zająłem się najpilniejszymi sprawami.

Zaczął się maj. Znów byłem w trasie. Dziwnie ściągało mnie na lewo. Czy to problem z samochodem? A może złapałem gumę? Jednak nie. W pewnym momencie uderzyłem lewą stroną samochodu w barierkę odgraniczającą jezdnię. Wtedy nie na żarty się przestraszyłem. Zgłosiłem się do znajomej neurolog. Zbadała mnie, wypisała skierowanie na rezonans. Z adnotacją: „pilne". Pomyślałem: „Aha, coś się dzieje". Termin otrzymałem już na 1 czerwca.

Wjeżdżam do rury. Maszyna zaczyna pikać. Technik jest nieprzyjemny, złości się na mnie, że mam ze sobą jakiś metalowy lub magnetyczny element. Nie mam. Wyjeżdżam z rury, a ten sam technik uprzejmie zakłada mi buty. Pomyślałem, znowu, że coś się dzieje. Wcześniej pielęgniarka zapowiadała, że wynik badania będzie za dwa tygodnie, a teraz mnie prosi, żebym usiadł, ponieważ wyniczek będzie za godzinkę. Czekam. Nerwowo czytam gazetę, ale nie mogę się skupić. Przeczuwam złe wieści. Dostaję kopertę, a w niej opis wyników badania i rachunek. „Zmiana lita, pokontrastowo wzmacniająca się o wymiarach 60 na 70 na

30 milimetrów" – czytam, a nogi się pode mną uginają. A więc takie jajko niespodzianka, myślę, tylko że z napisem „glejak".

Rokowania: Krótkie i śmiertelne

Jak czuje się człowiek, kiedy otrzymuje znienacka tego rodzaju wiadomość?

Dziwnie to zabrzmi, ale masz wrażenie, że po prostu tego nie cofniesz. Podziękowałem, zapłaciłem, poszedłem do auta i się popłakałem. Przecież dobrze wiedziałem, czym jest glejak. Pojechałem do mojego przyjaciela, wtedy jeszcze księdza, dziś już nie, i zadzwoniłem od niego do pani doktor, która jest ordynatorem oddziału neurologii. Przeczytałem jej wynik rezonansu. Powiedziała, żebym natychmiast przyjechał do niej do szpitala. Próbowałem oponować, bo był piątek, wiedziałem, że przez weekend nic się w szpitalach nie dzieje, a ja mam przecież w niedzielę kazania, ale w końcu dałem za wygraną.

Przyjaciel zawiózł mnie do szpitala. Zadzwoniłem do brata, żeby poinformować rodzinę, co się dzieje. Na miejscu dostałem leki antyobrzękowe przygotowujące organizm do operacji. Po kilku dniach, we wtorek lub w środę, operowano mnie w Gdańsku. Operacja nie przebiegła zbyt pomyślnie. Lekarzowi coś się nie udało, wystąpiło krwawienie, jak później przyznał, niemal straciłem życie. Po operacji przez pewien czas dochodziłem do siebie. Stale przyjmowałem sterydy, radioterapię i chemioterapię. Od leków znacznie przytyłem, zmieniłem się fizycznie. Było mi ciężko. Zostałem też wprowadzony w błąd. Najpierw poinformowano mnie, że guz został usunięty, a dopiero potem powiedziano, że lekarz wyjął tylko komponentę płynową i że w zasadzie była to po prostu biopsja.

W tym samym czasie przychodzi wynik badania histopatologicznego. A co! Ja jak coś robię, to zawsze porządnie. W czterostopniowej skali wylosowuję ten czwarty. Najgorszy. *Glioblastoma multiforme* – glejak wielopostaciowy. Rokowania oczywiste, krótkie i śmiertelne.

Czy podano Księdzu jakąś perspektywę czasu życia?

Sześć miesięcy. A ponad to każdy miesiąc będzie sukcesem i cudem. Po operacji wróciłem do szpitala w Wejherowie. 15 czerwca przypadała dziesiąta rocznica moich święceń kapłańskich. Postanowiłem, że nie będę ich obchodzić podczas zjazdu mojego rocznika, ale *ipso die*, tam gdzie mnie zastanie. Okazało się, że okrągła rocznica wypadła w wejherowskim szpitalu. Zaprosiłem do kaplicy szpitalnej najbliższą rodzinę, przyjaciół, znajomego kleryka i zaprzyjaźnionego księdza. Udało się zorganizować za ścianą poczęstunek w szpitalnym bufecie. Było pięknie. To stanowiło dla mnie bardzo ważne przeżycie. Niestety w kolejnym roku, kiedy już wróciłem do Pucka, nikt z kolegów nie podjął się organizacji zjazdu, a ten, na którego przypadała kolejka, twierdził, że nie ma pieniędzy. Jak zwykle wyskoczyłem przed szereg. Uniosłem się honorem, szarpnąłem się i zaprosiłem wszystkich do kaplicy w hospicjum, a potem na kolację, zakładając, że to być może ostatnia rocznica. Bogu dzięki, że moje obawy nie okazały się słuszne.

Jak się Ksiądz poczuł, słysząc, że ma przed sobą już tylko pół roku życia?

Sytuacja zmieniała się dynamicznie, ciężko mi było poskładać myśli. Skontaktowałem się ze znajomymi dziennikarzami. Przyjechała do mnie ekipa z TVN, żeby towarzyszyć mi z kamerą podczas leczenia. Rzuciłem się w aktywność medialną. To mi pomagało.

Dzięki przyjaciółce z „Gazety Wyborczej" poznałem profesora Trojanowskiego z Lublina, który podjął się kolejnej operacji. To człowiek wielkiej klasy i niezwykle precyzyjny w swojej neurochirurgicznej pracy. Jedna z obserwujących operację osób stwierdziła, że to, jak profesor wykonywał swoją pracę, było podobne do tańca. Operacja została sfilmowana, ale akurat ten materiał pozostanie w archiwum.

Profesor najpierw otworzył czaszkę, potem rozłożył na serwetach opony mózgowe, dotarł do glejaka i go wyssał. Glejak wyglądał ponoć paskudnie. To nowotwór, który wyrasta z tkanki glejowej, ma swoje skupienie, ale tak naprawdę jego macki obejmują cały mózg. W opisie pooperacyjnym odnotowano, że było to wycięcie doszczętne. Ale w przypadku glejaka nigdy nie można mówić o wycięciu doszczętnym. Operacja była udana.

Ojciec i brat wsadzili mnie do samochodu. Jechałem na półleżąco, siedziała ze mną z tyłu siostra, męczyła mnie wysoka temperatura. Do przejechania była trasa z Lublina do Gdańska. Po tej drodze byłem potwornie zmęczony. Dwa dni później nastąpił kryzys. Wystąpiła u mnie zatorowość płucna. W nocy myślałem, że skonam. Dusiłem się. Już wybierałem numer pogotowia, kiedy postanowiłem jednak postawić na siłę woli i dotrwać do rana. Wiedziałem, że pogotowie zabrałoby mnie na SOR do Rydłowa, a ja bardziej ufałem placówce w Wejherowie. Nad ranem mnie tam przewieziono. Trafiłem najpierw na neurologię, potem na kardiologię. „Sytuacja jest dramatyczna – oznajmił mi lekarz. – Spróbujemy rozbić zator farmakologicznie, ale muszę mieć także księdza zgodę na otwarcie klatki piersiowej, jeżeli będzie taka konieczność. Jeżeli się ksiądz zgodzi, być może tej nocy ksiądz umrze. Jeśli nie, umrze ksiądz na pewno". Cóż było robić, trzeba było podjąć decyzję. Stwierdziłem też, że przed tą nocą nie zadzwonię do rodziny, żeby ich nie obciążać.

Jakie były Księdza myśli w tej sytuacji?

Nagrywałem wtedy swoje myśli na dyktafon. Więc nie muszę ich teraz opisywać, możemy ich posłuchać takimi, jakimi rzeczywiście były:

> Sytuacja jest podbramkowa, znalazłem się w szpitalu, mam zatorowość płucną, mogę nie przeżyć tej nocy. Nie dzwonię do nikogo, z wyjątkiem pani doktor Mączkowiak. Sytuacja, jak widzę, była do przewidzenia, leczenie neurologiczne kłóci się z leczeniem sercowym. Przenoszą mnie na kardiologię, będą podawali leki rozrzedzające krew, które mogą zniszczyć efekt pozytywny operacji w mózgu. Ale jeśli tego nie zrobią, na pewno umrę. Jeśli będę w dobrym stanie hemodynamicznym, czyli jeśli nie będzie rosło ciśnienie, to będą mogli próbować usunąć operacyjnie skrzepliny, które mam w płucach. Jeżeli będzie taka potrzeba, to na to się zgodzę.
>
> Przepraszam Izę, że nie przyjadę na pogrzeb jej taty. Przepraszam też wszystkich, którym nie odpowiedziałem na mejle i zapytania. Wszystko wszystkim przebaczam i proszę o przebaczenie. Kocham was mocno. Nie wołam was tutaj, bo nie

chcę, żeby emocje popsuły leczenie. Nawet to nie zostało mi oszczędzone, że nie będę się mógł z wami osobiście pożegnać. Wiecie, że was kocham i całe życie wyście mnie kochali. To było takie słodkie, te ostatnie dni i miesiące, gdy chłopaki, czyli tata i Filip, oczywiście bardzo się denerwując, bawili się technicznie, że mają chorego, którego trzeba dźwignąć, nosić, prowadzić. To było słodkie, prawdziwi inżynierowie. Kochajcie się, dbajcie o dzieci, dbajcie o wiarę. Tato, tu nie chodzi o taką wiarę formalną, ale dbajcie o sumienie, o sumienie. Między sobą nie bądźcie podejrzliwi (*potem niezrozumiałe słowa*). Ktoś do mnie dzwoni, może pani Alicja (*to był telefon z domu*). Halo, halo, cześć, przenoszą mnie na kardiologię, wyszła zatorowość płuc, zatorowość krążeniowo-naczyniowa. Sytuacja jest niebezpieczna poważnie. Nie chciałem do was dzwonić, bo ja sam musiałem pilnować, żeby moje ciśnienie było, wiesz, żeby nie skakało i żebyście wy nie panikowali. (*pauza*) Nie, właśnie dlatego proszę, żeby nikt nie przyjeżdżał. (*pauza*) Nie, nie, absolutnie. (*pauza*) Mam nadzieję, że będzie do kogo. Już zabierają mnie, jedziemy...

Wprawdzie w ciężkim stanie, ale w grudniu 2012 roku wreszcie wróciłem do domu. Zamieszkałem z rodzicami. Zająłem się rehabilitacją ze świetną i piękną Moniką i pisaniem książki razem z Katarzyną Jabłońską z „Więzi".

Księdza choroba i jej przebieg od początku były trudne. Jak w tej sytuacji odnaleźli się Księdza bliscy?

Po dziesięciu latach kapłaństwa i sześciu latach seminarium wróciłem do domu. Musieliśmy się na nowo nauczyć żyć ze sobą.

Rodzina musiała się nauczyć z tym żyć. Miałem poważne problemy z chodzeniem, właściwie byłem uziemiony. Sprawowałem Mszę, a mama była moim ludem. Dopiero po jakimś czasie mogłem zacząć tuptać do kościoła.

Chciałem jak najszybciej wrócić do pracy. Udało mi się to dopiero w pierwszych dniach maja 2013 roku. Poza dorywczymi zadaniami wypadłem z normalnego funkcjonowania aż na rok. Bałem się, że w efekcie pobierania świadczeń rehabilitacyjnych zostanę uznany za niezdolnego do pracy w normalnym wymiarze. Chciałem tego uniknąć, co zresztą przerabiałem ze względu na mój słaby wzrok. Dopóki mogę, to chcę pracować. Nie będę prosić o rentę ani o jałmużnę z funduszu zapomogowego dla kapłanów. Inni mają większe potrzeby ode mnie, nie są zdolni do samodzielnego funkcjonowania.

Czy Ksiądz funkcjonował normalnie?

Miewałem różne trudne momenty. Choćby na początku, ponieważ nikt mi nie powiedział, jak będą mnie napędzać sterydy. Nagle zacząłem mieć wilczy apetyt. Przybrałem sporo na wadze, osiągnąłem poziom nawet 130 kilogramów. Poza tym nie zawsze myślałem logicznie. Miałem różne pomysły. Chciałem zaciągnąć kolejny kredyt, zarządzać przez telefon, kupić kozy i hodować je w ramach pracy hospicjum, i wiele innych idiotyzmów. Może spuśćmy na to zasłonę milczenia. Bogu dzięki żadnej głupoty ostatecznie nie zrobiłem. Może poza kilkoma ostrymi słowami, które pod wpływem leków powiedziałem w twarz arcybiskupowi Głódziowi, który odwiedził mnie w domu, czego nie ma w zwyczaju. Potem przeprosiłem i mam nadzieję, że nie chowa do mnie urazy. Odwiedziłem go następnie z książką Kasi, wręczyłem mu ją jako pierwszemu z dedykacją „mojemu biskupowi", a on zachował się z klasą: wyciągnął do mnie rękę i zaprosił do kaplicy na wspólną modlitwę.

Zadawał sobie Ksiądz pytanie o to, kiedy nadejdzie śmierć?

Jestem w jakimś sensie ekspertem od umierania innych, przynajmniej niektórych, ale nie jestem ekspertem od własnego umierania. Momentami łapał mnie zwierzęcy strach. Zaczynałem sobie odliczać tygodnie pozostałe do śmierci. Żyłem w przekonaniu, że mój czas się skraca. W końcu przypomniałem sobie starą metodę zdrowego myślenia Simontona: nie marnuj czasu, odnoś się do faktów, a nie swoich wizji. Wtedy nabrałem przekonania do książki *Szału nie ma, jest rak*. Postanowiłem, że muszę się zaangażować w jej promocję.

Czytelnicy, którzy poznali Księdza dzięki tej książce, zwracają uwagę na dystans, jaki ma Ksiądz do śmierci.

Nie da się uciec od myślenia o własnej śmierci, będąc śmiertelnie chorym. Zresztą ze śmierci trzeba żartować, bo gdyby śmierć była śmiertelnie poważna, toby nas zabiła.

Co jest najtrudniejsze? Najtrudniejszy jest moment wznowy choroby. Kolejny raz musisz przyjąć złą informację, załamuje się nastrój, pojawiają się nowe kalkulacje, na co mnie jeszcze w tym życiu stać. Pan był zresztą świadkiem takiego momentu. Kiedy się spotkaliśmy w Krakowie, byłem podminowany, bo kilka godzin wcześniej dowiedziałem się o wznowie, czyli o tym, że mój i tak już krótki czas kolejny raz się skrócił. Takie wiadomości przeżywa się jako stratę, człowiek czuje, że coś mu się wymyka z rąk. Już sobie to wszystko jakoś poukładałeś, a teraz te plany musisz na nowo zrewidować. Odpowiedzieć sobie, co jest najważniejsze. Byłem wtedy przez kilka dni w kiepskiej formie, aż do czasu, kiedy udało mi się zorganizować kolejne leczenie w Szwajcarii w listopadzie 2014 roku.

Perspektywa: Stop!

Z jakimi prognozami opuszczał Ksiądz klinikę w Zurychu?

Profesor Weller powtórzył mi statystyki dotyczące przeżywalności pacjentów z glejakiem IV stopnia. Analizując moje wcześniejsze leczenie i kondycję organizmu, ocenił, że kolejnych sześć miesięcy powinienem przeżyć we w miarę dobrej kondycji, nie rezygnując z cyklicznej chemioterapii. Kolejnym momentem prawdy będzie wynik najbliższego rezonansu. Przestrzegano mnie, że kryzys może się pojawić nawet w ostatnim dniu naświetlania. Po prostu jestem na takim etapie choroby, że pewne rzeczy są nieprzewidywalne. Podanie informacji o zagrożeniach jest obowiązkiem lekarza. Usłyszałem je. Ale powiedziano mi też, że zdarzali się pacjenci, którzy przeżyli z glejakiem nawet dwa i pół roku. Udokumentowane przypadki pacjentów żyjących najdłużej mówią o pięciu latach. Pojawiają się, również w literaturze fachowej, ale bez odpowiedniej dokumentacji, przypadki osób żyjących z glejakiem nawet do dziesięciu lat.

Jeśli mój czas choroby właśnie dobija do czasu długiego przeżycia, to będę dziękował Niebiosom, jeśli przeżyję rok 2015 w dobrej kondycji. Jeżeli zlitowałaby się nade mną Opatrzność i dorzuciła mi jeszcze pół roku, tak żebym zobaczył wiosnę 2016 roku, to będę megaszczęśliwy.

Profesor Weller powiedział też, że nie wystrzeliliśmy jeszcze wszystkich pocisków. Kolejny nabój to terapia operacyjna w Monachium. Jeżeli przyjdzie pogorszenie, może mi ją zaproponować. Ale to już będą dla mnie trudniejsze niż do tej pory decyzje. Cóż z tego, że podejmę jakąś terapię, dajmy na to naświetlania, które zabiorą mi miesiąc życia, jednocześnie przedłużając je o kolejne dwa z nie wiadomo jakim skutkiem. Gdzieś jednak wyłania się ta granica, poza którą chyba nie warto iść. Wolę pracować i robić co do mnie należy tak długo, jak będzie to możliwe, na pełnej petardzie, niż spędzać ostatni czas życia na walce z tym, co już nieuchronne. Dlatego w obliczu pogarszającej się jakości życia zastrzegam sobie prawo do powiedzenia na pewnym etapie: „Stop".

„Stop"?

Mam na myśli zaprzestanie agresywnego leczenia. Myślę, że w takiej sytuacji zdam się na biologię i Opatrzność.

Jak Ksiądz to robi? Rozmawiamy właśnie o Księdza śmiertelnej chorobie (czyli – nie okłamujmy się – mało pozytywnym temacie), a Ksiądz wyskakuje z tekstem o życiu na pełnej petardzie. Nie ogarniam.

A co mam zrobić? Siedzieć i płakać? Dobrze się czuję (nie licząc przeziębienia i zatok). Mam siłę. Moja sytuacja neurologiczna z pewnością się nie pogarsza. Jest stabilna. Przecież nie mogę zanudzić się na śmierć. Co mam Państwu powiedzieć? Że już mi się odechciało? Że nie chce mi się żyć? Przecież to nieprawda. Życie jest takie ciekawe, takie smaczne. Także smaczne dosłownie. Nie ma pan przypadkiem ochoty na wspaniałą, świeżutką polędwicę, z dobrym winem, w cudownym sosie? Lub choćby na talerz aromatycznej grochówki?

Onkocelebryta: Bez pornografii

Sam wymyślił Ksiądz określenie onkocelebryta?

Tak.

Skąd się pojawił taki pomysł?

Ponieważ bycie celebrytą jest smutne. Celebryci są znani głównie z tego, że są znani. No chyba że w moim przypadku słowo celebryta pochodzi od celebry lub celebransa. Wtedy mogę i chcę być nawet arcycelebrytą albo megacelebrytą. Byleby tylko związać to z kultem, z liturgią. Jest też rodzaj katocelebrytów. Jest taka cała grupa osób publicznych, które promują się poprzez swój katolicyzm, jak aktorzy, dziennikarze czy piosenkarze, którzy się nawrócili. Kiedy stają się nachalni z autoprezentacją jako chrześcijanie, drażnią mnie. Od wiary nie odcina się kuponów.

Określenie celebryta zaczęto stosować również wobec mnie. Owszem, lubię krotochwilę i łamanie konwencji, pewnie to zainteresowało media. Szybko pojawiły się więc oceny, że mam parcie na sitko, czyli radiowe, parcie na szpaltę, czyli prasowe, i oczywiście parcie na szkło, czyli telewizyjne.

A nie ma Ksiądz?

Troszeczkę to łechta moją próżność. Ale na takie zarzuty odpowiadam, że mam parcie głównie na drewno, na dębowy czy sosnowy garniturek. Staram się swoją onkocelebryckość wykorzystywać użytkowo. Skoro glejak już się zagnieździł w mojej głowie i nie da się go usunąć, bo trzeba by mnie pozbawić mózgu, co nie byłoby zbyt komfortowe, to należy wycisnąć z niego coś dobrego. Mam wrażenie, że to się w jakiejś mierze udaje. Słyszę o ludziach odległych od Kościoła, którzy po medialnym materiale z moim udziałem zadają sobie pytania o wiarę i sens.

Nie odsłania Ksiądz przed mediami zbyt wiele?

Mam nadzieję, że udaje mi się nie przekroczyć granicy dobrego smaku. Nie chcę popaść w pornografię choroby. Choroba nie jest moim sposobem na życie, ja żyję pomimo niej. Nie wykorzystuję swojej historii, by zbudować wyciskacz łez, choć wiem, że publika uwielbia, kiedy bohater ma za sobą dramatyczną historię. Proszę mnie kopnąć w tyłek, jeśli przekroczę granicę.

Nie chcę epatować problemami zdrowotnymi ani obnosić się ze swoimi stanami emocjonalnymi. Nie opowiadam o fizjologii, choć leczenie jest trudnym doświadczeniem dla organizmu. Czasem muszę robić dobrą minę do złej gry. Chorych takich jak ja są tysiące.

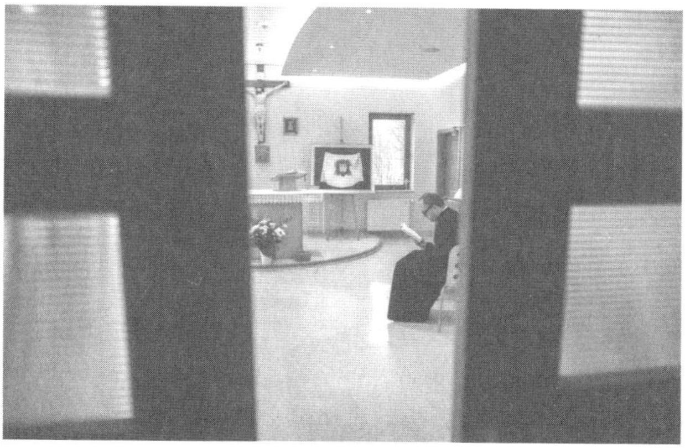

EWANGELIA

albo łącznik

czyli o miłości bez gwiazdek
i nastroju Pana Boga w dniu sądu,
a także o porażkach duszpasterskich
i zaletach Judasza oraz wierze małej jak ziarno

Podczas modlitwy brewiarzowej w kaplicy hospicjum. Puck, luty 2015 r. – fot. Damian Kramski

Bóg: Biegnie

Dlaczego tak ważne są dla Księdza słowa: „Nie potrzebują lekarza zdrowi, ale ci, którzy się źle mają" (Mt 9, 12)?

Te słowa z Ewangelii według świętego Mateusza wybrałem na swój obrazek prymicyjny. Przyjąłem je za własne, co miało określony kontekst.

Na początku kapłaństwa najbardziej imponowali mi młodzi ludzie, którzy regularnie praktykowali. W środowisku, z którego wyszedłem, nie znałem takich osób. Przecierałem oczy ze zdumienia, poznając w Pucku wierzących nastolatków, którzy co niedziela chodzili na Mszę, raz w miesiącu do spowiedzi, a w październiku regularnie odmawiali różaniec. Oni nie potrzebowali lekarzy. Lekarzy potrzebowali ludzie ze środowiska, z którego ja wyszedłem. Odwołując się do świętego Mateusza, chciałem stać się tym, który łączy, który nikogo nie odrzuca. Dlatego nagroda „Pontifici" („dla budującego mosty" przyznana przez warszawski KIK) jest dla mnie bardzo ważna, gdy wiem, że znalazłem się być może u kresu mojego życia i kapłaństwa. To znaczy, że bardziej łączyłem, niż dzieliłem, i oby tak było jak najdłużej.

Cytat z Ewangelii odnoszę w dużej mierze do osób niewierzących, wszystkich tych, którzy uczciwie szukają. Dlatego na obrazku zamieściłem reprodukcję obrazu Rembrandta *Powrót syna marnotrawnego*. Dłonie ojca są na nim różne. Jedna jest twarda, męska, a druga delikatna, kobieca. To pokazuje i Boże ojcowskie wymagania, i Bożą matczyną czułość. W przypowieści o synu marnotrawnym (Łk 15, 11-32) najbardziej porusza mnie wzruszenie ojca na widok powracającego syna. Tu każde słowo jest ważne. „A gdy był jeszcze daleko", ojciec „wzruszył się głęboko", „wybiegł mu na spotkanie". Ta symboliczna dynamika sceny mówi wszystko o relacji Bóg – człowiek. O Bogu, który wybiega do człowieka, chciałem mówić ludziom wokół.

Często w Kościele kierunek jest odwrotny. Najpierw stawia się przed człowiekiem listę celów moralnych do osiągnięcia, a dopiero potem mówi się o Bogu.

Wymagamy niekiedy od człowieka nadzwyczajnego aktu pokuty, radykalnego potępienia całego dotychczasowego życia. Jest to psychologicznie niemożliwe.

Dla mnie jako księdza ważne jest zdanie świętego Pawła: „Wszyscy mnie opuścili, tylko Łukasz jest ze mną" (por. 2 Tm 4, 16. 11). Być przy drugim człowieku. W moim przypadku okazało się wkrótce, że chodzi o człowieka chorego i umierającego, wobec czego metafora roli lekarza zyskała niemalże dosłowność. Kiedyś zresztą przez moment zastanawiałem się nad studiami medycznymi lub prawniczymi. Teraz, będąc księdzem, bioetykiem i pracując w hospicjum, spełniłem chyba po części tamte plany. W powołaniu księdza można mieć szansę na to, by pielęgnować również inne pasje.

Jest Ksiądz przywiązany także do innego wersetu z Ewangelii: „Wszystko, co uczyniliście jednemu z tych najmniejszych, Mnieście uczynili" (Mt 25, 40).

To słowa, które nie wymagają żadnych objaśnień, przypisów, komentarzy. To słowa, które nie kończą się odnośnikiem: „Chyba że – niepotrzebne skreślić – jesteś Żydem, Murzynem, Arabem. Chyba że mnie wkurzasz i aż się trzęsę, jak cię widzę". Tam nie ma gwiazdki. Bez wyjątku.

Nawet dla wrogów Kościoła?

Wszyscy to wszyscy.

W Kościele znana jest metoda piętnowania, by – głosi wyjaśnienie – otworzyły się oczy błądzących. Świat jest zagubiony i zły, musimy nim wstrząsnąć, by przejrzał na oczy.

Okładajmy ludzi krzyżem po głowie, to z pewnością się przebudzą i z radością powrócą na łono świętego Kościoła.

Ani prawdą, ani przykazaniami, ani krzyżem, nawet w najlepszych intencjach, nie można nikogo chłostać. Ludzie mają prawo nie rozumieć Kościoła. Nawet im się poniekąd nie dziwię. Ale to ja mam być czytelnym znakiem, to ja mam im coś pokazywać, a nie wstrząsać i pouczać. Nie tędy droga.

Verba docent, exempla trahunt. Słowa uczą, przykłady pociągają. Staram się pociągać ku Bogu przez to, jak sam żyję. Przez pierwsze dwa lata w ogóle szukałem pewności w kapłaństwie. Po sześciu latach odbierania komunikatów, że chyba nie do końca nadaję się na księdza, musiałem złapać balans emocjonalny. Ostatecznie chyba nie jestem najgorszym księdzem.

Ma Ksiądz jakieś patenty na „pozyskiwanie ludzi dla Boga i wiary"?

Kiedyś podczas rozmowy z księdzem Jerzym Kownackim byłem bardzo nakręcony. Wymyślałem nowe sposoby przekazywania Ewangelii. „Weź ty trochę zostaw Panu Jezusowi" – zgasił mnie mój przyjaciel. To mi dało do myślenia i dopiero wtedy pogodziłem się z tym, że nie wszystko zależy ode mnie. Zrozumiałem, że nie można też przenosić odpowiedzialności na parafie, wspólnoty, organizacje skupione na nowej ewangelizacji. Po prostu każdy musi wykrzesać z siebie tyle energii, ile fabryka dała.

Świat: Czeka

Wróćmy jeszcze do relacji Kościoła i świata. Czytając Ewangelię, można mieć poważne wątpliwości, jaki sposób odniesienia człowieka wierzącego do świata jest właściwy.

Przyznam, że pewien kłopot sprawiają mi niektóre fragmenty Ewangelii. W jednym Chrystus mówi: „Kto nie jest przeciwko nam, jest z nami" (Mk 9, 40), a w drugim twierdzi wręcz odwrotnie: „Kto nie jest ze Mną, jest przeciwko Mnie" (Mt 12, 30). Są to dwa wykluczające się twierdzenia. Podobnie jest ze słowami: „Gdyby ktoś zgorszył jednego z tych najmniejszych, niech sobie kamień powiesi na szyi" (Mt 18, 6), ponieważ czytamy też: „Jeśli grzechy wasze będą jak szkarłat, nad śnieg wybieleją" (Iz 1, 18).

Z pewnością zgorszyłem niejednego z najmniejszych. Zapewne są nawet tacy, którzy zgorszą się tą książką. I co mam wobec tego zrobić?

Obawiam się ognia piekielnego. Obawiam się, w jakim humorze będzie Pan Bóg, gdy stanę przed Jego sądem. Na którą część Świętej Księgi się powoła? Mówię poważnie i poważnie przyznaję, że nie mam na to odpowiedzi.

Trudności nastręczają też słowa o mowie, która ma brzmieć „tak, tak; nie, nie" (Mt 5, 37).

Powtarzam jak mantrę: w sprawach zasadniczych – jedność, w drugorzędnych – wolność, a nad wszystkim – miłosierdzie.

Jak rozumieć słowa: „Nie utraciłem żadnego z tych, których Mi dałeś" (J 18, 9)?

Dosłownie. Jako ksiądz bez przerwy spotykam nowych ludzi i co jakiś czas przeżywam „porażki duszpasterskie". Nie zdążyłem do kogoś w hospicjum w krytycznym momencie, nie zdążyłem dotrzeć z sakramentami do wszystkich pacjentów w hospicjum domowym, człowieka zadającego sobie pytanie o spowiedź nie udało mi się skłonić do tego, by do niej przystąpił. Czy dołożyłem wystarczającej staranności? Chcę wierzyć, że jeśli tej staranności dochowałem, to starałem się wystarczająco, by nikogo dla Boga nie utracić. Także spośród moich uczniów. Boże, Ty wiesz, że jestem słaby, wiesz, że nie mogę wziąć pełnej odpowiedzialności za wolnych ludzi, których stawiasz na mojej drodze.

Nie jesteśmy w stanie uchronić ludzi przed popełnianiem błędów, a świata przed złem. W Piśmie Świętym świat i Ewangelia zwykle pozostają ze sobą w kontrze. Ale jednak w jednym momencie Ewangelia świętego Jana patrzy na świat pozytywnie. „Chrystus nie przyszedł na świat, aby go potępić, ale żeby świat był przez Niego zbawiony" (J 3, 17). Jesteśmy częścią tego świata, dlatego nie stawiajmy się w kontrze do niego.

Spójrzmy na ostatnią wieczerzę. Judasz zdradza i wychodzi w noc. Noc często jest interpretowana jako przestrzeń grzechu, czyli obraz oddalenia się od Boga. Tylko dlaczego żaden z apostołów nie wybiegł za Judaszem, by go ocalić?

Apostołowie, tak samo jak my, byli ludźmi słabymi. Pchali się do władzy, zazdrościli sobie, konkurowali ze sobą. Widać, jak narastała zła atmosfera wokół Judasza. Wspólnota sugeruje, iż trzymał on trzos nie dlatego, że chciał troszczyć się o biednych, lecz dlatego, że chciał podkradać pieniądze. Taka opinia mogła się pojawić w tekście Pisma Świętego później, będąc wyrazem frustracji autora tekstu, który mógł mieć potrzebę racjonalizacji postępowania Judasza.

Nie można Judasza odzierać z godności i czynić z niego wyłącznie czarnego charakteru. Wyszedł w noc, owszem, ale natychmiast się nawrócił. Każdy z nas wychodzi w noc. Ja też w niej niekiedy przebywam. Też zdradzam Jezusa wprost albo w drugim człowieku. Muszę mieć siłę, by wracać. Postępowanie Judasza robi na mnie wrażenie: skonfrontował się ze swoimi mocodawcami i rzucił im w twarz prawdę, pieprznął tymi marnymi srebrnikami, jak pewnie mało kto z nas by się odważył.

Tak wyglądało nawrócenie Judasza?

Było to nawrócenie nieskuteczne. Judasz nie zaufał Bogu. Nawrócenie pociągnęło go w rozpacz. Tymczasem Jezus cały czas daje mu szansę, do swojego zdrajcy mówi: przyjacielu. Tak samo postąpił ze świętym Piotrem, który zachował się jak kawał drania i brnął w zaprzeczanie: „Nie znam tego człowieka" (Mt 26, 74). Ale ostatecznie zaufał Bogu.

Musimy pamiętać, że kiedy coś dramatycznie w życiu zawalimy, to nie jest to nigdy sytuacja ostateczna. Taki jest mój apel do wszystkich osób, które utraciły wiarę, które odeszły z kapłaństwa, które skopane przez Kościół, odeszły od niego: nie traćcie nadziei, póki żyjemy, zbawienie czeka na wszystkich. Proszę was, nie stawiajcie tej ostatecznej kropki nad „i". Pozostawcie sobie wolność zmiany decyzji. Nawet gdyby miała być to wolność jedynie spekulatywna.

Ewangelia wiele razy posługuje się trudnymi do zrozumienia obrazami. Kolejnym z nich jest wezwanie „Bądźcie przebiegli jak węże i jak gołębice nieskazitelni" (Mt 10, 16). Jak rozumieć te słowa, zwłaszcza że przebiegłość nie kojarzy się z cnotą?

W tych słowach odnajduję odniesienie do przywołanego wcześniej wezwania, by nasza mowa była „tak, tak; nie, nie". Owa wewnętrzna prawość nie zwalnia nas z myślenia i roztropności. W moim przekonaniu obrazuje ona postawę mądrego dialogu, który jest pozbawiony naiwnej nieskazitelności za wszelką cenę. A jednocześnie ma w sobie umiejętność konkretnego i rozsądnego wykorzystywania na przykład psychologii grup i jednostek, wywierania wpływu i innych rzeczy, które pozornie możemy odebrać jako manipulację.

Musimy umiejętnie wychodzić ku innym osobom, wkraczać w ich obce dla nas światy. Pewien starszy dominikanin, wychylając się przez okno z klasztornej celi, rozmawiał z prostytutkami, które czatowały na klientów pod klasztorem. Inni ojcowie półżartem mówili: „Niech ojciec się tak nie wychyla, bo ojciec wypadnie". On jednak w tej konwencji odpowiadał „Nie bójcie się. Jestem mocno zaczepiony stopami o kaloryfer". Taki właśnie jest chrześcijański dialog: mocno zakorzeniony w wierze, ale odważnie wychylający się ku Innym. Im bardziej jesteśmy autentyczni, tym bardziej jesteśmy swobodni. Natomiast pewna sztywność w postawie i w myśleniu, która jest zarzucana katolikom, może wynikać z tego, że oni sami są po prostu nie do końca przekonani do tego, co robią. Ktoś, kto czuje się dobrze na swoim miejscu, potrafi wyjść z konwencji. Nie mówię o rozmienianiu się na drobne i odrywaniu od korzeni, ale o takim wzroście, który pozwala sięgać naprawdę daleko.

Jednocześnie nie ma tu miejsca na żadne zgniłe kompromisy moralne. Jak zachować nieskazitelność gołębia i roztropność węża? Roztropność nie może doprowadzić do kompromisu moralnego, a nieskazitelność nie może doprowadzić nas do purytanizmu, przez który przestaniemy być skuteczni.

Po to mamy sumienie, żeby się nim kierować, kiedy musimy stąpać po cienkim lodzie. A musimy robić to stosunkowo często, ponieważ w wierze jesteśmy wezwani do ryzyka.

Chrześcijaństwo to powołanie do ryzyka?

Dla ratowania dusz musimy ryzykować. Chodząc po cienkim lodzie, możemy wpaść pod jego taflę, a już z pewnością nieraz zmoczymy cholewę. Musimy ryzykować także swoje życie. To nie jest poszukiwanie męczeństwa, ale gotowość na nie, jeśli okaże się konieczne.

Na czym między innymi polega roztropność węża? Wąż potrafi stracić niemal wszystko – zrzuca przecież skórę – by zachować życie. Dla katolika najwyższą wartością, o którą zabiega przez całe życie, jest zbawienie. Jak nie stracić zbawienia? Już teraz modlę się nieustannie, żebym go dostąpił. Zbawienie nie zależy w pełni od człowieka. Zbawia tylko Pan Bóg.

Dla zbawienia trzeba nieraz pozbyć się wszystkiego, tak jak wąż pozbywa się skóry. W dawnych czasach w pompatycznej ceremonii koronacji papieży traktowano papieża jak władcę całego świata. Otrzymywał tiarę złożoną z trzech koron – oddawały one istotę trzech królestw: Kościoła walczącego na ziemi, Kościoła oczekującego w czyśćcu i Kościoła triumfującego w niebie – która stanowiła odblask Bożego triumfu. Ale później ceremoniarz prowadził papieża pod rzeźbę anioła śmierci trzymającego klepsydrę i przestrzegał go: „Pamiętaj, że chociaż jesteś władcą całego świata, twój czas też kiedyś minie".

Roztropność i nieskazitelność sprawiają, że musimy pracować nad mięśniem sumienia. Sumienie musi się zmagać nieraz ze sporym ciężarem. Wciąż pojawiają się pokusy. Mam do siebie żal za niektóre pociągnięcia. Zdarzyło się, że w szkole, chcąc zachować dyscyplinę w klasie, potraktowałem ucznia takim słowem, które cięło jak nóż. Wyrzucam sobie teraz te nieuzasadnione ataki złośliwości, bo wprawdzie cel wtedy osiągałem, lecz działo się to kosztem ucznia. W takich momentach możemy stracić naszą roztropność i nieskazitelność.

W bardzo radykalnej odsłonie mamy z tym problemem do czynienia w przypadku aborcji. Bezkompromisowy sprzeciw Kościoła pod tym względem czasem kończy się dokładaniem kolejnych ciężarów kobiecie, dla której usunięcie ciąży było już i tak niezwykle obciążającym doświadczeniem. Zamiast opatrzyć ranę, wciąż ją rozdrapujemy.

Problem aborcji jest w Polsce skomplikowany. Dawniej była ona legalna, dziś funkcjonuje tak zwany kompromis aborcyjny. Katolik w sumieniu sprzeciwia się każdej formie zabicia dziecka nienarodzonego. Tymczasem prawo dopuszcza wyjątki. Czy mamy w takim razie wywołać kolejną wojnę aborcyjną? Uważam, że jako katolicy powinniśmy działać na rzecz zawężania tego kompromisu.

Musimy być także bardzo konsekwentni. Jeśli uważamy, że sposób poczęcia, na przykład w przypadku czynu zabronionego – gwałtu i kazirodztwa – nie ma wpływu na godność osoby, to musimy iść dalej i przyznać (co oficjalnie robimy), że w takim razie osoby poczęte metodą pozaustrojową mają dokładnie taką samą godność. Tymczasem niektóre wystąpienia biskupów w sprawie *in vitro*, w których posługiwano się mocnym językiem (na przykład o produkcji ludzi), zdawały się twierdzić coś zupełnie przeciwnego. O opinię na temat tych wypowiedzi zwrócił się do mnie biskup Zadarko. Zgodziliśmy się, że trudność z głosem episkopatu tkwi nie w aspektach merytorycznych, tylko retorycznych. Nie wypada mówić o osobie poczętej pozaustrojowo, jakoby była efektem „produkcji". Podobnie nie wypada określać człowieka poczętego poprzez czyn zabroniony, że jest wynikiem odrażającego przestępstwa. Choć nie można negować obrzydliwości dramatu, który się wydarzył.

Trzeba nazywać rzeczy po imieniu – twierdzą niektórzy – i kobiecie, która zdecydowała się na aborcję, mówić w twarz, że jest morderczynią.

Oddzielajmy zawsze grzech od grzesznika. Nie potępiajmy grzesznika, potępiajmy czyn. Są to tak trudne sytuacje, że nie da się ich załatwiać według jakiegoś schematu. Wspominałem już o przemianie mentalności i różnicy świadomości tego, czym jest aborcja. Każda z rozmów spowiednika wymaga niuansowania. Dostrzegania kontekstów, wyczuwania emocji.

Problem jest też taki, że każdy głupi może zostać ojcem, ale tylko prawdziwy facet potrafi stanąć przy kobiecie. Mężczyźni wycofują się z problemu niechcianej ciąży, zostawiają kobiety same sobie. Wtedy widać, kto jest gówniarzem, a kto jest dojrzały. Mężczyźni również powinni się spowiadać z aborcji, do której się przyczynili. Przeżywają to oczywiście inaczej, bo nigdy nie noszą nowego życia pod własnym sercem. Nie podlegają rozstrojeniu hormonalnemu i emocjonalnemu, który jest doświadczeniem kobiety. Jako kapelan szpitalny spotkałem wiele kobiet, które niespodziewanie straciły dziecko jeszcze przed jego narodzeniem. Oczywiście bez własnej winy. Widziałem, jak potworne jest to dla nich przeżycie.

Cuda: Wolno mi prosić

Ewangelia jest pełna opisów cudów. Czy Ksiądz wierzy w cuda?

Wierzę.

A czy Ksiądz oczekuje cudu dla siebie?

Nie powiem, że nie. Ale nie będę tupać na Pana Boga, żeby cud wymusić. Prosić mi wolno. „Kołaczcie, a otworzą wam" (Łk 11, 9). „Nim wypowiesz słowo na twoim języku, Pan Bóg już zna je w całości" (por. Ps 139, 4). Ufam, że Bóg jest tak blisko mnie, że wie, czego mi potrzeba. Ufnie więc do Niego kołaczę, choć z medycznego punktu widzenia wydaje się to niemożliwe.

Zdarza się, że prośba o cud staje się bardzo gorzka, ponieważ człowiek jest przekonany, że do cudu wystarczy wiara, a gdy ona jest, cud powinien się wydarzyć.

Często oczekiwanie na cud jest oszukiwaniem własnych emocji. Cudów mogą też dokonywać ludzie, co czynili przecież apostołowie. Jestem tu jednak dość ostrożny, choć jednocześnie przyznaję, że pewnie czasem Bóg gotów jest nawet złamać prawa przyrody, żebyśmy doświadczyli cudu.

Czemu dzisiaj tak niewiele cudów ma miejsce, a prośby o nie rosną lawinowo?

Czy cudowności zmieniają ludzkość? Wydaje mi się, że nie. Cudowne zjawiska w Fatimie widziały nie tylko dzieci, ale tysiące ludzi. Czy Portugalia się od tego nawróciła? Czy nie wybuchła pierwsza wojna światowa?

Objawienie zakończyło się na ostatniej księdze Pisma Świętego. Prywatne objawienia, nawet zatwierdzone przez Kościół, mają nam pomagać w wierze, a nie ją zastępować. Możemy się tylko cieszyć, że ludzie doświadczają wstawiennictwa świętych, ostatnio szczególnie często wstawiennictwa świętej Rity czy świętego Ojca Pio. Ale jednocześnie nie możemy się godzić, żeby kult świętych i ludzka potrzeba cudu stały się pretekstem do żerowania na emocjach, i to emocjach ludzi w dramatycznym położeniu.

Denerwuję się, ilekroć widzę domorosłych księży uzdrowicieli, mistyków i egzorcystów, którzy jawnie dopuszczają się manipulacji psychologicznej. Jednym wydaje się, że mają moc dysponowania Bożą łaską, innym, że potrafią odczytać wolę Bożą dla danego człowieka, a jeszcze innym, że diabeł wyziera z każdego kąta i wszystko trzeba skrapiać wodą święconą. Wypełnienie kościoła osobami niestabilnymi emocjonalnie, które za wszelką cenę poszukują rozwiązania swojego problemu, a następnie manipulowanie ich emocjami, woła o pomstę do nieba. Tak zwane Msze o uzdrowienie i o uwolnienie to bardzo delikatna kwestia. Nie jestem ich całkowitym przeciwnikiem, ale według mnie wymagają one jakiegoś rodzaju kontroli czy weryfikacji. Sprawować je powinni wyłącznie doświadczeni i stabilni duchowo kapłani. Najlepiej wykształceni egzorcyści wyznaczeni przez biskupa.

Zwyczaj Halloween nie przekonuje Księdza do postrzegania świata jako siedliska zła?

Strzelamy z armaty do dyni w Halloween. Tyle energii idzie na krytykę, a są przecież zjawiska pozytywne. Halloween zostało już nieco ochrzczone i przeformułowane na zabawę Holy Wins (Święty Zwycięża). Kościół zawsze tak działał: oswajał pogańską rzeczywistość. Inkulturacja tego rodzaju potrzebna jest nie tylko w Afryce, ale też w Polsce.

Musimy pamiętać, że egzorcyzmy są tylko sakramentaliami, podobnie jak poświęcenia i błogosławieństwo, a mają tak wielką moc, że piekło przed nimi drży, tym bardziej więc sakramenty, dzięki którym żywy Bóg i Jego łaska w człowieku działają tu i teraz. To jest dopiero cud! Nie trzeba szukać żadnego innego, lecz zacząć korzystać z tej bliskości, którą ofiarowuje nam Bóg. Nic nie może się nam stać, jeśli nie zaprosiliśmy wprost szatana do naszego życia. Jesteśmy chronieni przede wszystkim przez chrzest święty, przez łaskę uświęcającą, jeżeli przystępujemy do szczerej spowiedzi, Komunii Świętej (unikając świętokradztwa), to chroni nas ogromny puklerz łaski.

Być może po prostu nie wierzymy w moc sakramentów.

Sakramenty są pokorne, bo Pan Bóg jest pokorny. My tymczasem szukamy spektakularności.

Zapewne pod wpływem Ewangelii, z której się dowiadujemy, że mając wiarę jak ziarnko gorczycy, będziemy mogli przenosić góry (por. Mt 17, 20).

Czy jednak nie zapominamy, że ostatecznie wszyscy uzdrowieni i wskrzeszeni przez Jezusa ludzie musieli umrzeć? Czy w gruncie rzeczy nie jest to nasza ludzka pycha i brak zaufania przejawiające się w tym, że tak intensywnie walczymy o naszą ludzką skorupę, poszukując uzdrowienia, a nie walczymy o własną duszę, lekceważąc sakramenty? Czasami w modlitwie stawiamy Boga pod ścianą: musisz mnie uzdrowić. Nie, Pan Bóg niczego nie musi. Tu potrzebne jest inne nastawienie: „Jeśli chcesz" (Mt 8, 3), „Niech ci się stanie według twojej wiary" (por. Mt 9, 27). Tak w Ewangelii nieustępliwy ślepiec, którego przepędzali apostołowie, odzyskał ostatecznie wzrok.

Słowa o wierze, która przenosi góry, usłyszałem podczas jednej z moich najtrudniejszych wizyt hospicyjnych. Młoda kobieta umierała na raka jajników. Miała kochającą rodzinę, troskliwego męża i dwóch synów, dobre warunki życia. Odwiedziłem ich w domu. Ona była już wyniszczona chorobą. Akurat nadszedł czas posiłku. Zobaczyłem, że trwa już między nimi wojna psychologiczna. Mąż karmił ją zupą, ale żona nie miała ochoty nawet patrzeć na jedzenie. On się złościł. „Musisz jeść, żeby mieć siłę na kolejną chemię". Wreszcie kobieta poprosiła, żeby rodzina wyszła, bo chciała, żebyśmy zostali sami. Stwierdziła: „Niech ksiądz zejdzie do nich na dół, niech im ksiądz powie, że nie na złość im umieram, że gdybym mogła, tobym zeżarła łyżeczkę do herbaty". Zszedłem na dół. Usiadłem z mężem i synami. Przytoczyłem jej słowa. Mąż i starszy syn zrozumieli. Młodsze dziecko nie. Chłopak uciekł do pokoju, a ja poszedłem za nim. Właśnie wtedy usłyszałem od tego chłopaka: „Proszę księdza, przecież jest w Piśmie Świętym napisane, że wystarczy, żeby wiara była jak małe ziarno, a będzie góry przenosić. Więc ja się modlę i mama na pewno cudownie wyzdrowieje".

Wiedziałem, jakie kryje się za tym ryzyko. Można było sprowadzić grupę modlitewną. Chłopak czułby się dzięki temu pewniej. Ale jaki byłby finał niewysłuchanej modlitwy? Już to przerabiałem. Musiałem wyrzucić od mojego pacjenta grupę modlitewną, która nad odchodzącym człowiekiem wzywała Ducha Świętego, by uzdrowił tego młodego mężczyznę. Żona płacze, facet czuje się winny, że umiera, tylko nawiedzona wspólnota modlitewna, z księdzem na czele, czuje się wspaniale. Wyrzuciłem ich wszystkich, bo mężczyzna i jego rodzina musieli się przygotować do pożegnania, a nie mamić nadzieją cudu.

„Krzysiu – zwracam się do syna umierającej matki – życzę ci cudu. Ale najprawdopodobniej mama odchodzi i jest na to przygotowana. Byłbym świnią, gdybym ci powiedział, że jest inaczej". Widziałem, że był nieprzekonany i wściekły na mnie. „Ksiądz jest niewierzący" – wycedził przez zęby. „Wiesz, ja mam taką rolę, że przychodzę przekazywać trudne wiadomości. Chcę cię zachęcić tylko do tego, żebyś był teraz przy mamie, trzymał ją za rękę, powiedział, że ją kochasz. Łatwiejsze byłoby dla mnie, gdybym cię przekonywał, że mama wyzdrowieje, rozbujał emocjonalnie, ale ja muszę być trzy kroki do przodu. Gdyby mimo to mama umarła, straciłbyś do mnie kompletnie zaufanie. Czułbyś się podwójnie zraniony". Całą trójką wrócili na górę i wchodząc do małżeńskiego łóżka, przytulili mamę. To było tak intymnie wzruszające, że musiałem się wycofać.

Krzysztofa spotkałem jakiś czas później na ulicy. Zaczepił mnie i podziękował. Przyznał, że był wtedy wściekły, ale po śmierci mamy mnie zrozumiał. Cieszę się, że tak się stało. I wcale się nie dziwię jego wcześniejszej wściekłości. Jako ksiądz muszę przyjmować na siebie wściekłość, którą człowiek ma wobec Boga.

Niektóre prośby o uzdrowienie to prośby o uzdrowienie wewnętrzne.

Bardzo dobrze rozumiem położenie takich osób, ponieważ sam doświadczyłem cierpienia psychicznego, które jest trudniejsze do zniesienia niż cierpienie fizyczne. Medycyna radzi sobie już całkiem nieźle z cierpieniem ciała. Ale trudno nam poradzić sobie z cierpieniem, które wynika z poranienia w relacjach, z poczuciem spętania przez grzech, z jakimś wewnętrznym uciskiem. Wtedy, z mojego punktu widzenia, najlepiej powierzyć się mocy Jezusa.

Co dla księdza Jana oznacza wiara w moc Chrystusa?

Moc Chrystusa oznacza, że Bóg może wszystko, po prostu wszystko. Jezus Chrystus jest moim Panem, w każdym aspekcie mojego życia, dlatego cały do Niego należę. (Moi Państwo, co się ze mną dzieje? Ja nigdy takim językiem tak o tym publicznie nie mówię!). Wierzę, że On może wszystko. Dlatego w momentach przełomowych w moim życiu jedną z najtrudniejszych modlitw były słowa: „Przyjmij, Panie, całą wolność moją, przyjmij rozum i całą wolę, wszystko, co mam, Tyś mi to dał i całkowicie zgadzam się z panowaniem Twojej woli".

Odmawiałem ją przed święceniami kapłańskimi. Bardzo chciałem być księdzem, ale nie chciałem, żeby najważniejsze okazało się „chcenie", lecz wola Boża. Pamiętam ten moment, kiedy klęczę w kaplicy, modlę się tymi słowami, czuję, jak się przy tym pocę, bo wypowiadając je, zdałem sobie sprawę z ich powagi i konsekwencji. Pomyślałem bardzo szczerze, jednocześnie bardzo boleśnie tę myśl przeżywając: „Panie Boże, zdejmij ze mnie ciężar przywiązania do efektu". Dopiero wówczas poczułem wolność. Drugim momentem była kolejna wznowa choroby. Opadłem z sił. Leżąc w szpitalnym łóżku, dojrzewałem do tego, żeby powiedzieć Bogu: „Całkowicie się zgadzam z panowaniem Twojej woli. Jeśli zechcesz odwołać mnie jutro, odwołaj, weź mnie".

Kiedyś dziennikarka zapytała, co bym zrobił, wiedząc, że następnego dnia umrę. Poszedłbym do spowiedzi, przyjąłbym Komunię Świętą, w miarę możliwości odprawił Mszę. A jakby jeszcze wystarczyło siły i czasu, to zjadłbym pyszną, krwistą polędwicę *medium red* w sosie pieprzowym lub rokforowym i popił butelką dobrego, czerwonego, wytrawnego wina rioja. W tej kolejności.

POSŁOWIE

Sporo o sobie opowiedziałem, mówiłem też o Kościele. Chcę przeprosić tych wszystkich, których kiedykolwiek jakieś moje słowa zabolały. Proszę, by wyrażonych tu ocen nie odbierać personalnie. Nikogo nie chciałem urazić. Postępuję w najlepszej wierze.

Jestem katolikiem i pragnę zadbać o swoje zbawienie. Proszę o wsparcie, nie o recepty na zdrowie, ale o modlitwę, żebym zgodnie z Bożym planem dotrwał do końca mężnie, żebym się na końcu nie wywalił, nie wpadł moralnie w błoto. Jeśli ktoś z was sądzi, że już w nie wpadłem, tym bardziej proszę o modlitwę, a moich oponentów zachowuję w sercu. Chcę wam powiedzieć, że jesteście mi bardzo bliscy, szczególnie wtedy, kiedy się ze mną nie zgadzacie.

Przecież moja osoba jest tu mało ważna. Jestem przejęty słowami fascynującego mnie papieża Benedykta XVI, który po wyborze konklawe ogłosił: „Po wielkim papieżu Janie Pawle kardynałowie wybrali mnie, skromnego pracownika winnicy Pańskiej". Wielki kardynał, zwany pancernym, który mówi, że jest skromnym pracownikiem w winnicy Pańskiej! Również ja nie jestem nikim wyjątkowym i proszę mnie za takiego nie mieć. Jestem najzwyklejszym, błądzącym księdzem i chrześcijaninem, waszym bratem Janem, który często się w życiu gubił.

Proszę także mocno, żebyście nie zapominali o hospicjum w Pucku. To także apel do moich współpracowników. Błagam, żebyście tego dobra, które wspólnie wypracowaliśmy, nie rozmienili na drobne. Żebyście trzymali najwyższe standardy opieki, przejrzystości finansowej i moralnej. Ale też żebyście o mnie pamiętali. Nie stawiając broń Boże pomników, ale zachowując w modlitwie. Największym darem, jaki będziecie mogli mi po śmierci ofiarować, jest Msza Święta gregoriańska.

A ja, jeśli Pan Bóg przyjmie mnie do siebie, obiecuję, że na tyle, na ile mi pozwoli, bo to też nie jest takie oczywiste, będę próbował być blisko was.

Przepraszam wszystkich tych, których skrzywdziłem, których niesprawiedliwie oceniłem. Proszę o wybaczenie wszystkich, którzy się poczuli przeze mnie dotknięci w tych momentach, kiedy nie stanąłem na wysokości zadania. I chciałem powiedzieć, że nie mam żalu do nikogo. Tak mi, Panie Boże, dopomóż.

Ks. Jan Kaczkowski

Spis treści

Kupując tę książkę, wspierają Państwo działalność Puckiego Hospicjum

50% honorarium autorskiego, decyzją Księdza Jana, zostanie bezpośrednio przekazane na działalność statutową Puckiego Hospicjum

Inne formy wsparcia hospicjum to:

• przekazanie darowizny na konto (zależy nam bardzo na regularności wpłat)
PL38 8348 0003 0000 0017 2404 0001
SWIFT (BIC): GBWCPLPP

• przekazanie darowizny pieniężnej przelewem transferowym

• przekazanie darowizny rzeczowej

• przekazanie 1% podatku
KRS 0000231110

e-mail: puckiehospicjum@ wp.pl
tel.: 58 678 03 95
www.hospitium.org

Hospicjum pw. św. Ojca Pio
ul. Dziedzictwa Jana Pawła II 12
84-100 Puck

Mecenas sztuki, lat 2. Brama Floriańska, Kraków 1979 r.

Pierwsza Komunia Święta.
Sopot, 1985 r.

Wycieczka w Tatry.
Słowacja, 1991 r.

Na nartach.
Mała Fatra, Słowacja, 1992 r.

Trzy bałwany i bałwanek. Jan z Siostrą.
Mała Fatra, Słowacja, 1992 r.

Francuscy Przyjaciele („rodzina adopcyjna").
Francja, 1996 r.

Msza prymicyjna.
Sopot, 2002 r.

Podczas urodzin babci Wincentyny.
Kraków, 2013 r.

Ksiądz Jan Kaczkowski.
Puckie Hospicjum pw. św. Ojca Pio,
luty 2014 r.

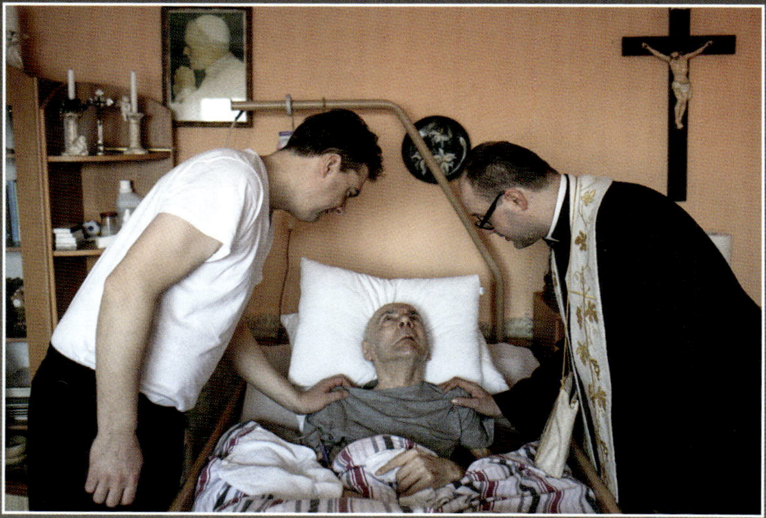

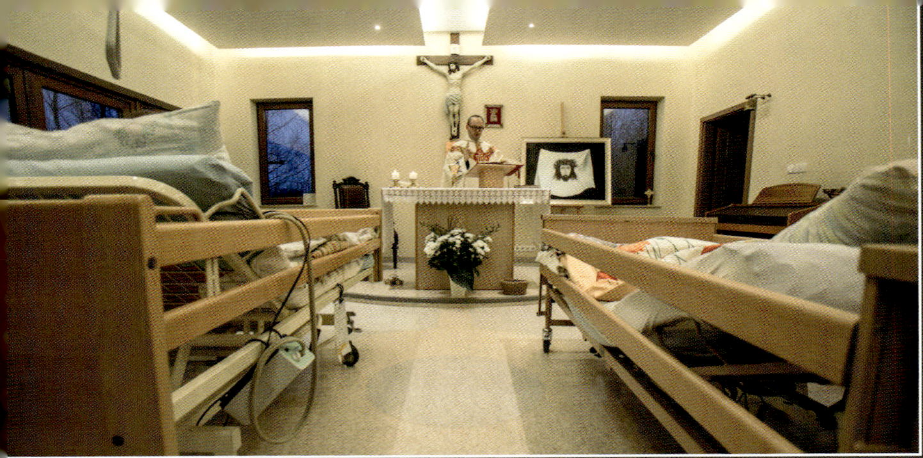

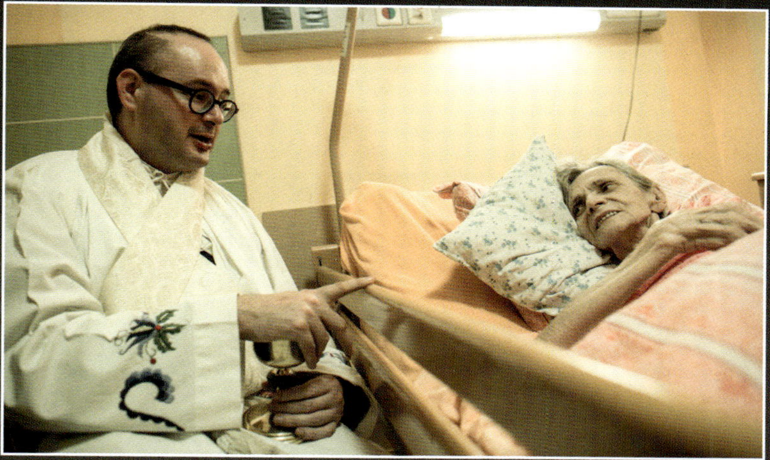

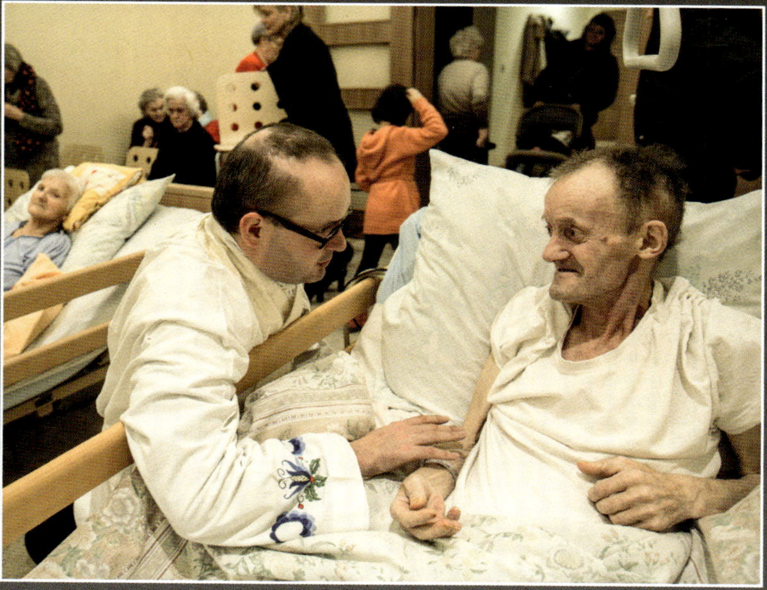